特色小镇实操指南

策划要点　运营实务　落地案例

陈青松　任兵　通振远　宁婧　编著

中国市场出版社
China Market Press
·北京·

前　言

“特色小镇”概念持续火爆，特色小镇建设方兴未艾。

中央和地方政府持续推动、社会资本积极参与、金融机构大力支持，我国特色小镇建设和发展迎来了最佳的历史时机。自 2016 年下半年开始，国家和地方关于特色小镇的利好政策接连而出。2016 年 7 月，住房和城乡建设部、发展改革委、财政部联合发布了《关于开展特色小镇培育工作的通知》，提出 2020 年前，将培育 1000 个各具特色、富有活力的特色小镇。

专业研究认为，“十三五”期间全国特色小镇总投资有望达十万亿元。目前，全国各省（自治区、直辖市）几乎都已经发布了特色小镇的相关政策，其中四川、云南计划分别用 5 年时间建设200个左右特色小镇，浙江、江苏、山东、湖南、广东、广西、河北、新疆、河南、陕西、贵州、海南均拟建100个特色小镇。“十三五”期间已有计划的拟建特色小镇个数累计约2 000个，按每个镇50亿元投资乐观估算，全国范围的特色小镇投资将高达十万亿元。以浙江省为例，浙江省“十三五”期间特色小镇计划总投资5 500亿元，形成100个省级特色小镇创建对象，100个省特色小镇培育对象队伍。到“十三五”期末，浙江的特色小镇将实现税收1 000亿元。

我国特色小镇有着深刻的历史背景与现实意义。特色小镇是推进供给侧结构性改革的重要平台，是深入推进新型城镇化的重要抓手，有利于推动经济转型升级和发展动能转换，有利于促进大中小城市和小城镇协调发展，有利于充分发挥城镇化对新农村建设的辐射带动作用。

我国特色小镇建设正当其时。特色小镇重在“特”字，即围绕“特色”下功夫、做文章，重点是突出产业特色，彰显人文特色、旅游特色、生态特色、环境特色、社区特色、建筑特色等，从而形成“一镇一品”和“一镇一风格”。

现实情况是，发端于东部经济重镇浙江的特色小镇，在全国有迅速蔓延的趋势。走访调研东西南北中的地方政府，在谈到如何发展地方经济时，几乎言必称“特色小镇”。那么，“特色小镇”是个什么概念？主要特点如何？对地方经济建设将起到怎样的作用？我国为什么要大力推广？在推进建设的过程中又该如何规避风险……可以说，特色小镇对于我国来说是一种从未经历过的新经济模式，我们需要以严肃认真、科学谨慎的态度对待它，而不是人云亦云，跟风炒作。否则，数以千亿计万亿计的资金投入后，达不到政府、社会资本和公众的目的，起不到促进我国经济增长的作用，严重的情况下甚至会成为拖累地方经济的“大包袱”。毕竟，“满地鸡毛，一声叹息”这样的场景谁也不愿看到。

近几年来，笔者一直在深入研究特色小镇对推动经济和社会发展的作用，以及特色小镇在推广过程中的优势和不足。不仅如此，笔者一直在一线实际操作特色小镇项目，已成功操作过多个特色小镇项目。而在实践操作特色小镇项目的过程中，笔者分别与相关部委领导、地方政府、各类社会资本、各类金融机构等进行了深度接触，因此对特色小镇在我国大力推广的历史背景、重要意义、面临的现实难题以及特色小镇的未来发展趋势等有着较深刻的体会。

本书不仅有笔者特色小镇项目的实操经验体会，也有对当下特色小镇热点和难点的分析与解读，还汇集了笔者操作过的多个特色小镇典型案例。本书既有关于特色小镇的理论探索，也有具体的特色小镇典型案例作支撑，将具体案例与理论探索相结合，让读者对特色小镇有更深刻的理解，对行业人士研究、操作特色小镇项目具有较大的借鉴意义。

本书适合相关政府决策部门、各类社会资本、各类金融机构等特色小镇参与主体，以及研究、操作特色小镇的专业人士、企业高管等广大群体参考。

2018 年夏

目　录

策划要点篇

运营实务篇

落地案例篇

策划要点篇

01

特色小镇核心解读

毋庸置疑，“特色小镇”是当下我国最火的经济新词汇之一，特色小镇已然站上了经济“新风口”。特色小镇为什么这么火？为什么地方政府、社会资本、金融机构都看好特色小镇的发展？特色小镇到底有哪些核心元素？

深度解读四部委规范推进特色小镇意见

2017 年 12 月，国家发展改革委、国土资源部、环境保护部、住房和城乡建设部等四部委联合发布《关于规范推进特色小镇和特色小城镇建设的若干意见》（以下简称《意见》）。研究发现，四部委发布的《意见》对近一二年我国推广特色小镇积累的经验进行了客观总结，对存在的问题进行了及时纠偏，对今后我国推广特色小镇具有重要的指导意义。

牵头部门发生改变

2016年7月，住房和城乡建设部、国家发展改革委、财政部三部委联合颁布《关于开展特色小镇培育工作的通知》（建村〔2016〕147号，以下简称《特色小镇培育通知》），明确提出，到2020年，要在全国培育1 000个特色小镇。而此次《意见》则是以国家发展改革委联合国土资源部、环境保护部、住房和城乡建设部发文，就规范推进各地区特色小镇和小城镇建设提出意见。

研究发现，从2017年12月起，我国特色小镇的牵头主管部门发生了改变，即由住房和城乡建设部牵头主导的中国特色小镇的申报审批权限将移交至国家发展改革委。《意见》指出，推进特色小镇建设要加强部门统筹。充分发挥推进新型城镇化工作部际联席会议机制的作用，由国家发展改革委牵头，会同国土资源、环境保护、住房城乡建设等有关部门，共同推进特色小镇和小城镇建设工作，加强对各地区的监督检查评估。

特色小镇的精准定义

一直以来，业内关于“特色小镇”的理解和认知五花八门，几乎人人都可以从自身所处的行业、自己的知识理论水平和阅历对特色小镇进行解读，导致“特色小镇”一词满天飞，人人言必称“特色小镇”。有关“特色小镇”的解释也是各种各样，甚至有的解释令人啼笑皆非：有的将“特色小镇”等同于行政建制镇和产业园区，有的将“特色小镇”与“文旅小镇”混为一谈，还有的认为只要一个乡镇有点特色产业就一定可以打造“特色小镇”……在这种情况下，“特色小镇”的科学性、严谨性大打折扣。究其原因，固然与特色小镇在我国刚刚起步有关，但没有固定的标准和严格的定义也是一个非常重要的因素。

对此，《意见》开头便直接对特色小镇下了一个精准定义：特色小镇是在几平方公里土地上集聚特色产业、生产生活生态空间相融合、不同于行政建制镇和产业园区的创新创业平台。此外，《意见》对特色小城镇也下了定义：特色小城镇是拥有几十平方公里以上土地和一定人口经济规模、特色产业鲜明的行政建制镇。

特色小镇的内容丰富

特色小镇要节约集约用地

特色小镇的空间范围究竟有多大？对于这个问题，在《意见》出台前，各地标准不一，因此推广的特色小镇也是有大有小，尤其是部分地方政府力求越大越好，因此规划的特色小镇达数十平方公里。不过，调研发现，多数地方政府在特色小镇的空间范围方面还是根据本地实际情况来规划的。以江苏省建设特色小镇为例，人多地少、土地资源稀缺和开发强度高是江苏土地利用的基本省情。江苏特色小镇建设严格按照节约集约用地的要求，充分运用同一乡镇范围内村庄建设用地布局调整、城乡建设用地增减挂钩、工矿废弃地复垦利用、城镇低效用地再开发、人地挂钩等政策工具，着力盘活存量用地，严控开发强度和新增用地。[1]

《意见》对特色小镇的空间范围予以了明确：严格节约集约用地。各地区要落实最严格的耕地保护制度和最严格的节约用地制度，在符合土地利用总体规划和城乡规划的前提下，划定特色小镇和小城镇发展边界，避免另起炉灶、大拆大建。鼓励盘活存量和低效建设用地，严控新增建设用地规模，全面实行建设用地增减挂钩政策，不得占用永久基本农田。合理控制特色小镇四至范围，规划用地面积控制在3平方公里左右，其中建设用地面积控制在1平方公里左右，旅游、体育和农业类特色小镇可适当放宽。可以明确的是，今后我国有关特色小镇的用地标准

[1] 为加强特色小镇的规划建设管理，江苏省创新土地利用规划工具，根据2015年省政府出台的《江苏省土地利用总体规划管理办法》（江苏省人民政府令第105号）规定，以特色小镇为主体，编制功能片区土地利用（总体）规划。围绕特色功能，基于资源环境承载力、多规协调，按照“空间整合、指标管控、集约集聚、功能凸显”的原则，合理界定人口、用地规模，严格划定小镇边界，统筹小镇国土空间利用与人口分布、生产力布局、资源环境保护的关系。

是“规划用地面积控制在 3 平方公里左右，其中建设用地面积控制在 1 平方公里左右”。当然，笔者认为，“3 平方公里”和“1 平方公里”并不是绝对数字，也不是不可逾越的，即旅游、体育和农业类特色小镇与其他产业类特色小镇不同，有其用地的特殊性（如农业类特色小镇需具有一定的规模才能产生规模经济效益，才能吸引社会资本投资建设），这一点充分说明了《意见》的严谨性和灵活性。

特色小镇的核心是“集聚特色产业”

集聚特色产业是特色小镇建设的核心要素。事实上，根据住房和城乡建设部等联合发布的《特色小镇培育通知》，培育特色小镇要从当地经济社会发展实际出发，发展特色产业，传承传统文化，要依据特色资源优势和发展潜力，科学确定培育对象，防止一哄而上。要培育特色鲜明的产业形态，“产业定位精准，特色鲜明，战略新兴产业、传统产业、现代农业等发展良好、前景可观。产业向做特、做精、做强发展，新兴产业成长快，传统产业改造升级效果明显。”2016 年 10 月，国家发展改革委发布《关于加快美丽特色小（城）镇建设的指导意见》（发改规划〔2016〕2125 号），指出特色小镇主要指聚焦特色产业和新兴产业，集聚发展要素。而此次《意见》再次明确了特色小镇必须集聚特色产业，这充分说明了特色产业在特色小镇建设中举足轻重的地位。“坚持产业建镇，立足各地区要素禀赋和比较优势，挖掘最有基础、最具潜力、最能成长的特色产业，做精做强主导特色产业，打造具有核心竞争力和可持续发展特征的独特产业生态，防止千镇一面和房地产化。”

特色小镇的空间要求“生产生活生态相融合”

特色小镇不是只具有某一项功能，而是兼具产业、人文、旅游和社区功能“四位一体”和生产、生活、生态“三生融合”，这显然与一般意义上的政府性单一性项目（公园、图书馆、河道治理等）不同。对此，《意见》强调特色小镇要有效推进“三生融合”，各地区要立足以人为本，科学规划特色小镇的生产、生活、生态空间，促进产城人文融合发展，营造宜居宜业环境，提高集聚人口能力和人民群众获得感。留存原住居民生活空间，防止将原住居民整体迁出。增强生活服务功能，构建便捷“生活圈”、完善“服务圈”和繁荣“商业圈”。提炼文化经典元素和标志性符号，合理应用于建设运营及公共空间。保护特色景观资源，将美丽资源转化为“美丽经济”。

特色小镇的行政管辖为“非镇非区”

调研发现，对于“特色小镇”，公众常常将之理解为行政建制镇。这是对“特色小镇”的一种误读，也是对“特色小镇”与“行政建制镇”的混淆。实际上，“特色小镇”与“行政建制镇”相比，二者有着本质的区别：特色小镇“非镇非区”，不是行政区划概念的小镇。而通常我们说的“小镇”主要是一种行政区域上的概念，与省、市、县同属于行政概念。特色小镇必须有产业，而且是特色产业。相比之下，“行政建制镇”既可以有产业，也可以没有产业，尤其是可以没有“特色产业”。事实上，我国 4 万多个镇，多数产业特点并不突出，有许多镇并没有独特的产业。此外，特色小镇要求人文底蕴深厚、旅游资源丰富，集产业、文化、旅游和社区功能于一体。而“行政建制镇”只是一个属于县级行政单位管辖的小规模人群聚居地，并不一定要有文化和旅游的功能。

准确把握特色小镇内涵

在对特色小镇精准定义后，《意见》又对特色小镇的内涵给予了明确：立足产业“特而强”、功能“聚而合”、形态“小而美”、机制“新而活”。不能把特色小镇当成筐、什么都往里装，不能盲目把产业园区、旅游景区、体育基地、美丽乡村、田园综合体以及行政建制镇戴上特色小镇“帽子”。各地区可结合产业空间布局优化和产城融合，循序渐进发展“市郊镇”“市中镇”“园中镇”“镇中镇”等不同类型特色小镇；依托大城市周边的重点镇培育发展卫星城，依托有特色资源的重点镇培育发展专业特色小城镇。

立足产业“特而强”、功能“聚而合”、形态“小而美”、机制“新而活”

具体来说，特色小镇的产业要独特，要与众不同，不能是千篇一律、千镇一面，而是独特且实力强大，“产业向做特、做精、做强发展，新兴产业成长快，传统产业改造升级效果明显”；功能上的“聚而合”：特色小镇功能叠加上是聚而合，要形成连带关系，而不是将一堆没有关联的东西生搬硬套放在一起，结果是彼此没有任何联系，一盘散沙，形不成合力和竞争力；形态上的“小而美”：特色小镇注重“小而美”，而不是过分追求体量的庞大和所谓的“震撼效果”；在机制的“新而活”方面，特色小镇与传统的产业园、旅游景区等不同，前者在机制上更加灵活，有的采取公建公营，有的采取公建民营，有的还可以采取民建民营等，合作机制灵活多样，更有利于特色小镇的推广和发展壮大。

不能把特色产业当成筐

“放在筐里的都是菜”，这是一句民间俗语，意思是人们不要束缚自己的思想，只要使劲地往筐里放东西就行了。因为不管怎么样，“筐”里的东西总归有用，对主人来说是有价值的。但这句民间俗语用在特色小镇上显然行不通：如果什么都往“筐”里装，特色小镇将会是大杂烩，是一锅乱炖菜，直接的结果是没有明确的产业主线，没有与众不同的特色元素，没有清晰的产业定位。当然，打造这样的小镇只能是投资失败，投资者白花花的银子将打水漂。如果把与特色产业不相关的产业、功能都往特色小镇里放，这样的特色小镇将无特色可言，只能是无序发展，与普通的行政建制镇没有区别。

国家对此也是洞若观火。《意见》指出，不能把特色小镇当成筐，什么都往里装，不能盲目给产业园区、旅游景区、体育基地、美丽乡村、田园综合体以及行政建制镇，都戴上特色小镇的“帽子”。

明确了特色小镇的体现形式

特色小镇具体的体现形式即“市郊镇”“市中镇”“园中镇”“镇中镇”等不同类型特色小镇。这为地方政府和社会资本打造特色小镇指明了方向：特色小镇可以建在城市郊区，可以建在城市里面，可以建在产业园区里面，还可以建在行政建制镇里面。

特色小镇的类型

实践发现，我国特色小镇的主要类型有信息技术、节能环保、健康养生、时尚、金融、现代制造、历史经典、商贸物流、农林牧渔、创新创业、能源化工、旅游、生物医药、文体教育等。而如果从特色小镇涉及的主要行业看，特色小镇主要可分为两类，一类是战略性新兴行业[1]，另一类是历史经典行业。以浙江省打造特色小镇为例，根据规划，未来三年里浙江将重点培育100个特色小镇，在产业上聚焦信息、环保、健康、旅游、时尚、金融、高端装备制造等七大产业，兼顾茶叶、丝绸、黄酒、中药、青瓷、木雕、根雕、石雕、文房等历史经典产业。2016年10月，住房和城乡建设部公布北京市房山区长沟镇等127个第一批中国特色小镇。按其推荐的特色小镇类型，可以分为工业发展型、历史文化型、旅游发展型、民族聚居型、农业服务型和商贸流通型。

通过对国内一些特色鲜明的小镇类型进行分析，总结归纳出以下二十多种特色小镇类型（见表1-1）。

表1-1　国内特色小镇的主要类型

序号	主要类型	代表性案例
1	特色产业型	浙江诸暨大唐袜艺小镇、浙江嘉善巧克力甜蜜小镇、浙江桐乡毛衫时尚小镇、浙江玉环生态互联网家居小镇、浙江平阳宠物小镇、广东东莞石龙小镇

[1] 战略性新兴产业是以重大技术突破和重大发展需求为基础，对经济社会全局和长远发展具有重大引领带动作用，知识技术密集、物质资源消耗少、成长潜力大、综合效益好的产业。根据战略性新兴产业的特征，立足我国国情和科技、产业基础，现阶段重点培育和发展节能环保、新一代信息技术、生物、高端装备制造、新能源、新材料、新能源汽车等产业。

续表

序号	主要类型	代表性案例
2	新兴产业型	余杭梦想小镇、西湖云栖小镇、临安云制造小镇、江干东方电商小镇、上虞e游小镇、德清地理信息小镇、余杭传感小镇、秀洲智慧物流小镇、天子岭静脉小镇、枫泾科创小镇、新塘电商小镇、太和电商小镇、黄埔知识小镇、朱村科教小镇、福山互联网农业小镇、菁蓉创客小镇
3	历史文化主题型	贵州凯里西江苗寨、四川汶川羌族水磨镇、云南楚雄彝人古镇、北京密云古北水镇、浙江桐乡乌镇、龙泉青瓷小镇、浙江湖州丝绸小镇、浙江上虞围棋小镇、山西平遥古城、茅台酿酒小镇、河北永年太极小镇、新兴禅意小镇
4	高端制造型	浙江萧山机器人小镇、浙江宁海智能汽车小镇、浙江长兴新能源小镇、浙江宁波江北动力小镇、浙江秀洲光伏小镇、浙江海盐核电小镇、浙江江山光谷小镇、浙江新昌智能装备小镇、浙江南浔智能电梯小镇、山东城阳动车小镇、浙江台州沃尔沃汽车小镇
5	创意农业依托型	河北邢台牡丹小镇、浙江丽水茶香小镇、河北邯郸馆陶粮画小镇
6	金融创新型	杭州上城玉皇山南基金小镇、宁波梅山海洋金融小镇、浙江义乌丝路金融小镇、杭州西溪谷互联网金融小镇、杭州拱墅运河财富小镇、乌杭州镇互联网小镇、北京房山基金小镇、广州万博基金小镇、广州新塘基金小镇
7	生态旅游型	浙江仙居神仙氧吧小镇、浙江武义温泉小镇、浙江宁海森林温泉小镇、浙江乐清雁荡山月光小镇、临浙江安红叶小镇、浙江青田欧洲小镇、浙江景宁畲乡小镇、杭州湾花田小镇、海南万宁水乡小镇、琼海龙江碧野小镇、广州莲麻乡情小镇、广州锦洞桃花小镇、云南丽江玫瑰小镇

续表

序号	主要类型	代表性案例
8	城郊休闲型	浙江安吉天使小镇、浙江丽水长寿小镇、浙江太湖健康蜜月小镇、浙江临安颐养小镇、浙江瓯海生命健康小镇、海南琼海博鳌小镇、贵州安顺旧州美食小镇、北京小汤山温泉小镇、海南大路农耕文明小镇、吉林通化龙溪谷健康小镇、广州钟落潭健康小镇
9	景区依托型	北京房山区十渡镇、湖北省秭归县九畹溪镇、四川九寨沟漳扎镇
10	互联网创业型	浙江杭州梦想小镇
11	休闲运动型	长白山万达国际滑雪小镇、
12	艺术主题型	河北衡水周窝音乐小镇、云南丽江古城区九色玫瑰彩色小镇
13	康体疗养型	河北隆化热河温泉小镇、浙江桐庐健康小镇
14	特色风情主题型	浙江嘉善欧陆风情巧克力甜蜜小镇
15	时尚创意型	杭州余杭艺尚小镇、杭州滨江创意小镇、杭州西湖艺创小镇、杭州江干丁兰智慧小镇、浙江安吉影视小镇、浙江兰亭书法文化创意小镇、浙江乐清蝴蝶文创小镇、北京杨宋中影基地小镇、北京宋庄艺术小镇、山东张家楼油画小镇、广州狮岭时尚产业小镇、广州增江街 1978 文化创意小镇
16	边境风情型	中俄边境・内蒙古满洲里风情小镇、中老边境・云南磨憨风情特色小镇、中蒙边境・内蒙古满都拉边境风情小镇
17	购物型	北京中粮祥云小镇、天津佛罗伦萨小镇
18	影视 IP 主题型	浙江东阳横店影视主题小镇、华谊兄弟长沙电影小镇
19	民宿依托型	浙江临安河桥民宿小镇、深圳大鹏半岛较场尾民宿小镇

续表

序号	主要类型	代表性案例
20	主题娱乐型	青岛灵山湾旅游度假区冰雪童话小镇、上海迪士尼小镇、深圳欢乐谷金矿小镇
21	交通区域型	福建建德航空小镇、浙江萧山空港小镇、浙江宁海滨海航空小镇

特色小镇商业模式和盈利模式解析

通常情况下，特色小镇商业模式主要包括土地一级开发、二级房产开发、产业项目开发、产业链整合开发等。此外，盈利模式也是地方政府、社会资本和金融机构关注的重点，其主要内容包括门票模式、综合收益模式、产业收入模式、资本运作模式等。

特色小镇商业模式

土地一级开发

土地一级开发，是指由政府或其授权委托的企业，对一定区域范围内的城市国有土地、乡村集体土地进行统一的征地、拆迁、安置、补偿，并进行适当的市政配套设施建设，使该区域范围内的土地达到“三通一平”、“五通一平”或“七通一平”的建设条件（熟地），再对熟地进行有偿出让或转让的过程。[1]

土地一级开发盈利模式主要包括三类：第一类是工程总承包模式，即土地一级开发企业接受土地整理储备中心的委托，按照土地利用总体规划、城市总体规划等，对确定的存量国有土地、拟征用和农转用土地，统一组织进行征地、农转用、拆迁和市政道路等基础设施的建设；第二类是利润分成模式，即土地一级开发企业接受土地整理储备中心的委托进行土地一级开发，生地变成熟地之后，土地储备中心进行招拍挂出

[1] 土地一级开发流程为：（1）原土地所有者或使用者在征得区县和乡镇政府或上级主管部门的同意后向市国土局提出土地一级开发申请。（2）市国土局受理申请并进行土地开发项目预审。（3）通过土地预审的项目，根据项目的性质，委托市、区县土地储备机构负责组织编制土地储备开发实施方案，开发实施方案主要包括：待储备开发地块的范围、土地面积、控规条件、地上物状况、储备开发成本、土地收益、开发计划、实施方式等。（4）编制了开发实施方案的项目上由市国土局会同市发展改革、规划、建设、交通、环保等部门参加的联审会，通过会审，对建设项目土地一级开发的实施方案中土地、产业政策、城市规划、建设资质、交通及环保等条件提出原则意见。（5）通过联审会的项目确定土地开发主体。（6）土地储备开发实施单位向市规划部门办理规划意见，向市国土部门办理用地手续，向市发展和改革委员会办理核准手续，涉及交通、园林、文物、环保和市政专业部门的，应按照有关规定办理相应手续。（7）如果开发项目涉及新增集体土地办理农用地征收、农转用手续或存量国有建设用地收回国有土地使用权的，土地储备开发实施单位依法办理相关手续，并获得市人民政府的批准。（8）在取得市人民政府的批准文件后由土地储备开发实施单位到相关委办局办理征地、拆迁、市政基础设施建设等相关手续。组织实施征地、拆迁和市政基础设施建设。危改、文保、绿隔等项目需按规定承担回迁房建设。（9）组织验收。建设项目的土地一级开发完成后由市国土局组织相关委办局进行验收。

让，出让所得扣除开发成本后在市政府和企业之间按照一定的比例进行分成；第三类是土地补偿模式，即土地一级开发企业在完成规定的土地一级开发任务后，土地储备中心并不是给予现金，而是给予开发企业一定面积土地作为补偿。

需要说明的是，特色小镇中的土地一级开发与通常情况下的土地一级开发具有较大的区别：特色小镇土地一级开发不仅仅是项目地的征地补偿、拆迁安置、“三通一平”、“五通一平”或“七通一平”等基础设施和社会公共配套设施的建设，其主要目的也不仅仅是使“生地”成为“熟地”，而是要根据城市规划、产业规划，将特色产业发展和各种项目开发结合在一起。根本的原因在于产业的价值决定了土地的价值。

专业人士建议，一方面，特色小镇土地一级开发必须结合产业项目开发和土地二级开发，才可能真正获取一级市场的利润；另一方面，特色小镇土地一级开发工作与项目前期规划、项目建设以及后期产业导入、产业服务等环节之间存在内在联系，关联度很高，参与特色小镇项目的市场主体在项目前期规划环节，就要与项目拟选址地的地方政府及国有资源管理部门提前沟通、主动申请，将项目整体策划与项目选址地的土地利用总体规划、土地利用年度计划、储备土地前期开发规模、储备土地供应规模、年度土地储备计划等一并进行对接和综合筹划。具体来说，在土地一级开发过程中，市场主体应主动、积极参与土地储备机构开展的各阶段采购、招标工作，争取作为合格的供应商参与项目地土地一级开发工作。开发完成后，充分利用目前的项目建设用地竞争出让环节与社会资本方采购环节可以合并实施的政策空间，获得特色小镇等特定领域项目的土地二级开发权、项日投融资、建设、运营权，分期实施，分步运作，确保项目符合现行法律法规的要求，实现项目整体收益最大化。

土地二级开发

土地二级开发，即土地使用者将达到规定可以转让的土地通过流通领域进行交易的过程，包括土地使用权的转让、租赁、抵押等。如二级房产开发，土地使用者经过开发建设，将新建成的房地产进行出售和出租的市场，即一般指商品房首次进入流通领域进行交易而形成的市场。

在特色小镇建设中，土地二级开发期即产城融合共建，这是特色小镇建设和发展的必经阶段。作为一个集产业、人文、旅游、社区多功能于一体的综合体，特色小镇的一个重要作用就是吸引大量就业，拉动地方经济增长，增加地方税收。而大量的就业、旅游、居住人群集聚对居住、教育、医疗及服务业产生大量需求。所以，特色小镇会涉及土地二级开发（这也是目前国内相当多的房地产企业积极涉足特色小镇领域的一个重要原因），主要是基于“产城人”一体化的发展目标，通过土地二级开发实现综合服务配套的升级（包括居住配套、商业配套、教育配套、医疗配套、休闲娱乐配套、社区服务配套，等等）。就特色小镇的二级房产开发而言，具体主要包括六大内容：一是居所地产，二是商铺型地产，三是客栈公寓型地产，四是周末居所地产，五是度假居所地产，六是养老地产。社会资本主要通过销售、出租等方式回笼资金，以降低整个项目的投资风险。

产业项目开发

产业项目开发是特色小镇建设的核心。

特色小镇首先要确定的是“特”，即“特色产业”，待特色产业的发展方向确定后，就要紧密围绕这一特色产业，通过项目及载体的开发建设进行研发、生产、销售，最终打造特色产业集群，实现产业价值，这是特色小镇建设的重中之重，也是社会资本投资特色小镇的主要回报来源；另一部分是产业导入和事业导入，以丰富特色小镇的业态和功能。特色小镇的产业导入包括产业本身（科技产业园、产业孵化园、双创中心等）、产业应用（应用示范园等）和产业服务（产业＋贸易、产业＋会议、产业＋康养、产业＋运动、产业＋休闲娱乐等）。而事业导入主要分为科（产业科研基地）、教（教育培训园区）、文（产业博物馆）、其他（康复疗养医院、休闲活动中心）等。

需要指出的是，特色小镇重点打造的“特色产业”是个庞大的系统工程，并非一蹴而就，而是一个漫长的需要数年开发、培育的过程。也就是说，当特色产业初步开发完成并形成一定的特色优势及产业价值后，就正式进入到了漫长的产业培育阶段。在这个阶段，重点是围绕特色产业核心培育和扶持有效的产业项目和企业主体，形成具有市场竞争力的产业集群，产生规模化的经济效益。

产业链整合开发

特色小镇产业链整合，即围绕主导特色产业，整合资源、技术、产品、市场、制度、人才等，使特色产业、旅游产业及其他相关产业通过某种方式彼此衔接，打通产业链上下游及各相关产业之间的壁垒，实现产业之间的有效聚集，构建一个有价值、有效率的产业集群，实现产业联动与融合，从而增强产业活力、节约交易成本和推动区域经济发展。

特色小镇盈利模式

社会资本斥巨资投资建设特色小镇，最关心的问题之一便是投资回报，也就是投资如何收回和盈利的问题。当然，这也是地方政府最关心的问题之一。否则，大量资金投入到小镇建设上，如果项目没有收益或长期亏损，不仅社会资本面临着巨大的压力，作为地方政府压力也不会太小。那么，特色小镇一般有哪些盈利模式呢？

门票模式。这种模式常见于文旅特色小镇，主要是旅游景区门票、旅游项目类的收费，比如深圳华侨城项目。

综合收益模式。这种模式常见于文旅特色小镇、农业特色小镇等。主要有旅游景区门票、餐饮收入、住宿收入、演艺收入以及其他消费收入等，比如北京密云古北水镇。

产业收入模式。这种模式常见于战略新兴产业和历史经典产业小镇，以产业收入为主，比如中国首个云计算产业生态小镇西湖云栖小镇、玉皇山南基金小镇、无人机小镇、航空小镇等，以研发生产制造产业或金融产业本身来实现收入。

资本运作模式。相对来说，资本运作模式较之门票模式、综合收益模式和产业收入模式更为复杂。这种模式多数用于社会资本通过对特色小镇资本运作实现投资回报。

以社会资本通过 PPP 模式投资特色小镇为例。通常情况下，社会资本在投资特色小镇后，会考虑自身的退出。2014 年 12 月，国家发展改革委发布《关于开展政府和社会资本合作的指导意见》（发改投资

〔2014〕2724号），界定了PPP项目的规范管理过程，即项目储备、项目遴选、伙伴选择、合同管理、绩效评价、退出机制。鉴于包括特色小镇在内的PPP项目合作周期长达二三十年，社会资本会重点考虑退出问题：一是股权回购或转让，指在特色小镇PPP项目公司履约完毕或阶段性履约（在特色小镇PPP项目合同中有明确约定）后，由政府、社会资本或其他投资者回购股权，或将股权转让给政府、社会资本或其他投资者；二是资产证券化，指特色小镇PPP项目公司运行过程中，社会资本通过资本市场实现退出。资产证券化是社会资本退出的重要通道，具有投资回报率高的特点。

此外，部分特色小镇还融入了房地产的概念，包括养老、度假、别墅等，可以实现特色小镇前期部分资金回笼。

总的来说，特色小镇盈利模式并不是上述某一种模式，而是两种或多种盈利模式的组合，因为过于单一的盈利模式无法实现社会资本的投资回报，也无法支撑小镇长期持续健康的发展。

小镇运营：地方政府考量重点

从此前我国推广特色小镇的情况来看，“重建设轻运营”是一个突出的弊端。而此前地方政府重点考虑的是社会资本的资金实力和工程经验，对运营考虑得较少。比较发现，此前的城镇建设和工业园区以大规模开发为主，其中心和重点是开发，运营则放在次要位置。但特色小镇的重点是运营环节，需要小镇具有蓬勃的动力和持久的生命力。否则，特色小镇将成为地方政府的大包袱和社会资本的大负担。

从笔者半年多来调研的结果来看，目前地方政府越来越重视特色小镇建成后的运营，这是非常大的进步。

特色小镇需要专业的运营商

众所周知，特色小镇的重点是打造特色产业，以及围绕特色产业打造一系列的相关配套产业。不仅如此，还要完善文旅、社区等功能。特色小镇有别于行政建制镇和产业园区，是一个小型的综合体。因此，将一个特色小镇交由多个分散的主体来运营显然行不通，相反，需要由一个具有强大运营实力的运营商来统筹。分析认为，随着我国特色小镇的蓬勃发展，“特色小镇运营商”将正式浮出水面，比如专门运营文旅小镇的、专门运营金融小镇的、专门运营健康小镇的、专门运营农业小镇的、专门运营通航小镇的……这些专业的运营商为投资者大大解决了后顾之忧，也为特色小镇本身健康、可持续地发展壮大保驾护航。

要求社会资本具备建设和运营的综合实力

特色小镇建设要坚持“政府引导、企业主体、市场化运作”。特色小镇的建设主体为企业，需要地方政府引进优质的社会资本开发建设，再通过社会资本调配多方资源（如产业资本和金融资本）联合开发建设运营：一是导入核心项目、支撑项目、联动项目等产业资源；二是调配资源，为小镇引人、引智、引资；三是进行小镇前置运营规划的编制，承担规划设计咨询、投融资服务、工程建设、招商运营推广等职能。

在特色小镇开发建设中，社会资本是一大主体，更是市场化运作体制下弥补政府短板、激发市场活力的重要角色，其价值主要体现在两个方面：一方面，在资金实力和资本能力上。特色小镇投资规模大，动辄三五十亿元，因此地方政府优选的社会资本首先必须具备资金实力强和资本运作能力强的特点。另一方面，社会资本的运营能力也是地方政府极为看重的因素。毕竟特色小镇不同于一个普通的污水处理厂和一个普通的垃圾处理厂，其运营的成败与地方的社会经济发展息息相关，甚至关系到地方社会经济未来多年的发展。因此，社会资本的运营能力往往是其从众多竞争者中脱颖而出的重要砝码。体现在市场化的运营模式上，社会资本敏锐的市场观察力、较强的风险管控能力以及强大的项目运营能力，既可以弥补地方政府在小镇运营上的缺陷，又能够保障整个小镇运营的成功。

从现实情况来看，我国已经具备了企业主体、市场化运作的基础条件。经过改革开放和长期市场经济的发展，我国已经积累了充沛的市场力量和丰富的经验，尤其是在长三角、珠三角一带崛起了大量的新兴产业、无数实力强劲的科技企业和一批又一批的的企业主。不仅如此，近年来我国经济实力快速提高的同时，科研实力明显增强，人才队伍日益壮大，科研机构、领军人物层出不穷，这些都为特色小镇的建设提供了强有力的支撑。

特色小镇运营的三个转变

从某种程度上讲，运营才是特色小镇取得成功的关键所在。多年来，地方政府是城镇建设的主导者、所有者、经营者、管理者、监督者，说到底，地方政府是城镇的核心运营主体，集多个角色于一身。这种体制有利有弊，优点是地方政府掌握经济发展政策和产业规划，可以更快、更有针对性地进行城镇建设和运营，但同时这种体制最大的不足是政府既是教练员又是运动员，城市运营的效率不高。相比之下，特色小镇是市场化机制的产物，无论是运营主体、运营客体还是收益模式都要发生转变。

运营主体转变

在传统的投融资模式下，投资建设和运营主体是政府。但随着近几年我国大力推广 PPP 模式，投资建设主体和运营主体由地方政府转变为具有资金实力、技术实力和管理能力的社会资本，地方政府的主要职能是监督。原来地方政府的多项职能发生了很大的变化，其中运营职能转为由社会资本承担。

运营客体转变

在传统的城镇运营中，客体主要是土地，这也是政府财政收入的主要来源。而特色小镇的运营主要是以产业为主导，以土地为基础，以各种产业项目、文旅项目和房产项目为重点的全方位运营体系。

收益模式转变

传统以土地为经营客体的模式决定了政府以土地出让为主要来源的收益模式。但在特色小镇的运营中，其收益模式有多个，除了土地一级开发、二级房产开发外，还有工程收益、建造收益、特色产业收益、旅游收益以及资本收益等。

特色小镇运营要有“平台化思维”

特色小镇的每一个阶段都非常重要。除了前期的策划、规划、投融资、建设外，小镇长期的运营管理也是不可或缺的要素。与运营一个污水处理厂、一个垃圾处理厂、一条高速公路完全不同，特色小镇包括产业、人文、旅游、社区多项功能，其运营如同管理一个小型的城市经济综合体。因此，对于运营主体而言，最重要的是善于利用自身优势（包括资金优势、技术优势、管理优势），引进外部资源，搭建各种产业发展平台，发挥社会资本龙头企业的引领带动作用，对一些重点品牌或企业给予大力支持，引导这些重点品牌或企业与产业链条上的其他产业主体建立互补、合作、共赢的关系，从而促进小镇的运营效率和服务水平的提高，这就是“平台化思维”。

具体来说，特色小镇运营平台包括开发合作平台、产业发展合作平台、品牌推广平台和综合投融资平台等。以笔者操作的某农业特色小镇为例，某农业类的知名社会资本以 PPP 模式与当地政府开展合作。在这个农业特色小镇的运营上，某社会资本的运营思路是典型的“平台化思维”，具体如下：

发挥自身的资金优势和技术优势。一是建设智能化阳光温室大棚，种植的热带水果有枇杷、莲雾、龙眼、香蕉、荔枝、杨桃、木瓜、火龙果、沙田柚、杨梅、番石榴、百香果等十几种；二是建设农业物联网服务中心，为农业小镇耕地质量、土壤肥力、苗情、墒情、病虫情等提供大量的监测数据，为科学有效开展农业服务保驾护航；三是加大新机具推广力度，推进农业全程机械化，不断提高农业小镇农机作业水平。通过农机和农艺融合，实施秸秆还田，在提升耕地地力的同时，减少环境污染。农作物耕种收综合机械化水平达到 80% 以上。

引进外部资源，与具有技术优势和营销优势的农业类公司共同组建农产品加工厂，提高农产品的附加值，既增加收入，又降低单独投资的压力和风险。

引进仓储公司、物流公司在农业特色小镇建厂，延长特色小镇的产业链，实现各方的共赢。

联合社会科研院所、公司共同提高农业特色小镇的科技水平和知名度。特色小镇在产业培育时期，对接国内外优势的科研及教育资源，一方面通过科研成果的孵化，促进技术向生产力的转化；另一方面通过专家学者和科研人员的研究，既突破产业发展技术上的难题，又可以完成人才的培育及输送，形成产业可持续发展的后备力量。该项目联合农科院、农业大学等科研院所在特色小镇农业基地建设农业学校、开办农业课堂，培养专业人才队伍，提高小镇农业科技水平；联合知名旅行社，开辟旅游线路，让城市年轻人、中小学生到农业基地参观、游览，学习农业知识，体验农村生活；联合各类社团、组织、协会到农业基地开展各种活动，提高当地旅游氛围，增加人气，实现多元化的盈利；联合各类品牌推广机构进行宣传，提升农业小镇的知名度。

02

特色小镇建设面临的挑战

发源于东部经济重镇浙江省、2014 年在杭州云栖小镇首次被提及、经 2016 年住房和城乡建设部、国家发展改革委、财政部等三部委力推的特色小镇，近年来如雨后春笋般在全国各地迅速发展。不可否认的是，当前，我国特色小镇建设面临诸多困难和挑战，特色小镇要实现快速健康发展，还有许多难题亟待解决。

土地和投资回报率：特色小镇硬伤

近两年，我国特色小镇持续火热：中央层面大力推广、地方政府积极响应、各项优惠政策次第出台、社会资本和金融机构纷纷涌入、咨询机构摇旗呐喊助威……热闹的表象之下，我们更应该冷静地思考，其实特色小镇还存在先天的硬伤，比如资金缺乏、交通不便、专业人才不足、基础设施配套较差，等等。

土地流转问题

调研发现，有一个似乎无法逾越的鸿沟横亘在特色小镇面前，即土地不可流转，土地性质不能轻易改变。根据国家发展改革委、住房和城乡建设部、财政部等部委《通知》精神，特色小镇规划用地面积控制在3平方公里左右，其中建设用地面积控制在1平方公里左右，旅游、体育和农业类特色小镇可适当放宽。在“3平方公里”和“1平方公里”的范围内，势必会涉及基础设施建设、产业项目（尤其是高新技术产业）等，这就涉及土地的流转问题。

项目投资回报率问题

目前，我国多数特色小镇的建设与运营采取的是政府与社会资本合作（PPP）模式。众所周知，作为投资者的社会资本，其根本的出发点还是要有收益、有回报，这是符合市场经济规律的。换句话说，项目只有产生了经济效益，才能实现社会利益最大化。但现实情况是，很多特色小镇的盈利点不明确，缺少类似房地产销售一样的快速资金回流，导致社会资本犹豫不决，不敢轻易大规模投资，担心投资无法收回。

笔者曾接触过一个特色小镇项目，这是一个农业小镇，地点位于华中某省，地方政府拟在一个国家级的农业产业园内建设一个农业类的特色小镇。应该说，这个小镇具备多方面的优势：一是产业突出，其果蔬全国闻名，粮食产量大，还是全国的粮食生产基地；二是交通便捷，农业产业园位于国道边，周边有几个大城市，方便农产品运输和农业休闲旅游；三是历史文化积淀深厚。这些都是打造特色小镇的资源优势，如果有好的策划和规划，成功打造一个农业特色小镇不是没有可能。一家国内知名的产业资本跟踪了这个项目长达一年之久，投资意向强烈，产业资本老板和地方政府负责人也有过深入的沟通和交流。最后，这家产业资本经过深入研究后认为项目投资回报率较低，只好将项目暂且搁置。

调研还发现，不仅社会资本对投资回报率低的特色小镇抱迟疑态度，金融机构也有同样的想法，也担心资金（股权或债权资金）风险太大，不敢轻易投向特色小镇。

特色小镇在我国仍处于起步阶段

特色小镇推广如火如荼，从中央到地方各级政府，从东部到全国其他区域，从政府部门到各类社会资本，从产业资本到金融资本，从建筑企业到中介咨询机构……特色小镇空前火爆。特色小镇虽然是当前的经济热点，但是鉴于其在我国尚处于起步发展阶段，仍然面临诸多困难和不确定性因素。

相比我国城镇化建设、新农村建设，特色小镇是近两年新兴的产物，对我国而言是一种全新的经济形态，仍处于起步阶段，因此存在一些现实的不足：一是有关特色小镇的政策体系还不完善，尤其是土地、税收等方面的政策还比较缺乏，影响了社会资本投资特色小镇的积极性，从而阻碍了特色小镇的快速推进；二是特色小镇建设周期长，正所谓"罗马不是一天建成的"，特色小镇也不是三五年就能建成的，不可能一蹴而就。如果急于在一任政府之内批量打造特色小镇，显然是拔苗助长，违背特色小镇建设规律，不会产生预期的效果。从国外一些成功的特色小镇来看，都是沉淀了几十年甚至数百年后才建设发展起来的。

此外，调研还发现，目前在我国特色小镇的开发过程中，存在一种非常不利于特色小镇推广的情况，主要表现是一窝蜂、急功近利，且这种急躁的情绪弥漫在整个特色小镇推广的各个主体间：地方政府急躁，恨不得把属地所有小镇都打造成特色小镇，挖空心思找小镇的"特色"所在，甚至有一种"没有条件创造条件也要上"的"大气魄"；社会资本急躁，大都希望在这轮特色小镇热潮中分得一杯羹。最明显的表现是建筑企业希望通过介入特色小镇做工程项目，金融资本也想借此良机获得不菲收益；部分政府人士、行业内人士、投资人士等见面即谈"特色小镇"，好像不谈这个概念就显得落伍，不时髦。"罗马不是一天建成的”。特色小镇是一个集生产、生活、生态“三生融合”和产业、人文、旅游、社区“四位一体”的社区综合体，其建成并非一日之功，应该结合上位规划，循序善进，慢工出细活。最后即使建成了，还有更重要的漫长的运营，这才是特色小镇的关键之所在。如果在没有做好充分策划、规划的情况下就盲目建设，即使特色小镇以破纪录的时间建成，运营上将存在方方面面的问题，而这样的教训不胜枚举。

规划、产业和建筑上的“千镇一面”

调研发现，当前全国各地兴起一股推广特色小镇的热潮，部分地区的特色小镇建设取得了较大的进展，涌现出来一批富有活力的特色小镇，比如浙江的云栖小镇、玉皇山南基金小镇。不过，特色小镇在推广过程中也存在泥沙俱下的情况，主要是概念不清、定位不准、“千镇一面”等问题。

规划上的“千镇一面”

需要指出的是，特色小镇不是规划出来的，一个地方想建成特色小镇，关键是要有与众不同的资源优势：扎实的产业基础、四通八达的交通条件、丰富的人文旅游内涵等。否则，凭空在一块空地上规划一个特色小镇，这样的小镇无疑是空中楼阁。但是，一个地方如果具备成为特色小镇的基本条件，是否就不需要精心的策划了呢？答案当然是否定的。这正如一个既聪明又好学的“优等生”，具备将来成为优秀人才的条件，是否就不需要在学业上进行精心安排呢？是否就不需要在学习上进行规划而只是顺其自然发展呢？显然，如果不进行精心的安排和培养，“优等生”长大后很可能成为普通人。正如《伤仲永》里的主人公仲永，从小聪明过人，但其父亲没有请老师将这样的好苗子精心培养，更没有一个科学的培养计划，反而带着仲永到处炫耀，结果时间白白浪费，仲永的学业也荒废了，最后“泯然众人矣”。仲永的事例可以说非常令人婉惜，教训非常深刻。

正所谓“玉不琢，不成器”。在具备了打造特色小镇的基础条件后，接下来就要好好地进行策划和创新。以特色小镇重中之重的产业为例，在产业策划上，需要找准特色、凸显特色、放大特色。不仅如此，还要围绕核心产业植入相关产业，延伸产业链，打造上中下游产业链，实现社会资本的多元回报机制，解决更多的劳动力，增加特色小镇的抗风险能力。如果没有策划，产业只能是自然发展，速度慢，效益低，而且风险更大。

遗憾的是，很多地方的特色小镇在规划上没有创新，产业不突出，吸引力不够，或者依旧有观念和主观思维进行规划，定位同质化现象严重，产业不鲜明，“千镇一面”，特色小镇的所谓“特色”自然徒有虚名。可以肯定的是，没有规划或者说规划老套没有创新的小镇，是一种重复建设，不具备持久发展的活力和动力，注定走不长远。这样的小镇不仅达不到地方政府、社会资本所期望的效果，而且会造成社会财富的巨大浪费，让地方政府和社会资本背上沉重的包袱，甚至导致地方政府与社会资本之间相互指责。

此外，调研还发现，有的地方在建设特色小镇时虽很重视规划却忽视策划，显然，这是一种不正确的做法。没有前期规划，就不可能知道如何挖掘、利用当地的特色资源，就不可能了解、调查当地的市场消费特征，就不知道同类小镇有哪些利润点高的产品……说到底，没有策划，规划将成无源之水无本之木，就不能做好小镇的定位，不能设计好相关的运营模式、开发模式和盈利模式。

没有策划，规划的水平再高，规划效果图描绘得再如梦如幻让人热血沸腾，最终也落不了地，谨慎的、科学管理的社会资本是不会贸然将大把的资金砸在这种各不符实的小镇上的。

总之，策划不是“食之无肉，弃之可惜”的鸡肋。严格来说，只有先策划后规划，做好特色小镇的定位和顶层设计，才能确保特色小镇沿着正确的轨道有序开发。这里需要重点指出的是，策划和规划的职责有着明确的分工，策划重点负责前期项目的市场调研、产业植入、小镇创新、投融资模式、回报机制、运营管理等，不一定由规划院来负责，策划的工作也不是规划院的长项。规划的重任则由专业的规划院来承担，包括概念性规划、修订性规划和总体规划等。

产业上的“千镇一面”

自 2015 年浙江省首批省级特色小镇创建名单出炉以来，在长三角、珠三角以及中西部地区掀起了一股特色小镇的兴建热潮，大有“你方唱罢我登场”的架势。

正所谓任何事物都有两面性，紧随特色小镇建设热潮而来的，则是“千镇一面”和同质化竞争，突出表现在：一个地方搞成功了一个科技小镇，另一个地方无论条件是否具备都要规划兴建一个科技小镇；东部借当地人文旅游资源建起文旅小镇吸引来全国各地乃至全世界的游客，另一个地方也想凭借本地的文旅资源建起文旅小镇，而全然不顾本地交通不便、大城市的旅客自驾车到这里需三五个小时甚至更长时间的现状；有的地方通过本地扎实的农业特色做起了采摘、互联网电商、地景、休闲旅游，别的有农业特色的地方也如法炮制……总之，游客到了某地，总有“似曾相识燕归来”的感觉。

复制再复制，采取不加思考的“拿来主义”，产业没有新意，游客自然意兴阑珊。

建筑上的“千镇一面”

特色小镇产业上的“千镇一面”同样“传染”到建筑上。最明显的是东南西北中很多文旅小镇在建筑上都力求青砖黛瓦白墙，单调得令人失去游览兴致。这些建筑如徽派、岭南派、四合院以及客家围屋，都以色彩为主，看得多了，自然让人感觉沉闷、呆板。反观欧洲那些闻名全球的特色小镇，仅仅是在小镇建筑的色彩就让人惊诧和尖叫，其呈现出来的五彩缤纷颇为夸张。比如意大利波西塔诺小镇是一个坐落在岩石上的童话小镇，房子都盖在悬崖边上，五颜六色、鲜艳夺目，与湛蓝的海水、蔚蓝的天空和悠悠的白云相互映衬。

以徽派建筑[1]为例。实事求是地说，徽派建筑集徽州山川风景之灵

---

❶ 徽派建筑又称徽州建筑，是中国传统建筑最重要的流派之一，徽派建筑作为徽文化的重要组成部分，历来为中外建筑大师所推崇，并非特指安徽建筑。流行于徽州（今黄山市、绩溪县、婺源县）及严州、金华、衢州等浙西地区。

气，融中国风俗文化之精华，风格独特，结构严谨，雕镂精湛，具有独特的魅力，受到各地游客的赞赏。不过，有些文旅小镇不考虑本地实际情况和文化特色就将房屋一律改成徽派风格，认为这就是特色，这种做法就显得不合时宜了。这正如我国很多城市，都是高楼大厦加广场，给人以“千城一面”的感觉。如果游客到哪里看到的都是徽派建筑，就无法感受真正的“特色旅游”了。

当然，并非我国所有的特色小镇在建筑风格和色彩上都是灰暗单调的。云南丽江七彩玫瑰小镇无疑是其中的佼佼者（见案例 2–1）。

【案例 2–1】

云南丽江市九色玫瑰小镇

云南丽江市九色玫瑰小镇（以下简称“玫瑰小镇”）位于古城区七河镇。玫瑰小镇房前屋后种着玫瑰，房屋是彩色的，一幅幅龙猫等卡通壁画以 3D 形式呈现在墙面上，让走入小镇的游客以为误入了童话世界。据了解，玫瑰小镇原来是移民村，村民移民后耕地面积大大减少，由以前一个人 1.5 亩的土地减为只有 5 分。移民后，村民虽然离城市近了，但田地少了，从事传统农业不能满足家里的开支需求。在此背景下，玫瑰小镇开始创新打造。

玫瑰小镇是中国第一个彩色村庄、第一个玫瑰爱情主题小镇。规划一期项目包括442栋8万多平方米传统庭院房屋涂色，100余幅3D彩绘、300亩玫瑰基地的建设。项目有玫瑰温泉、梦幻别墅营地、1 000亩玫瑰种植基地。目前，玫瑰小镇房屋、墙面刷成了九种不同的颜色。村民们为自家房子挑选颜色，相邻的院子配色大胆，艺术感十足，既活泼又热烈，吸引了各地游客纷纷前来旅游。

特色小镇五大误区

调研发现，特色小镇建设如火如荼的背后，是诸多令人担忧的问题，突出的表象是一哄而上，盲目跟风，对特色小镇一知半解，把特色小镇想得过于简单，以为不过就是引进几家企业、建几栋房子、修几条路的问题等。具体来说，主要有以下认识上的误区。

以为特色小镇申报成功就可以完美落地

向国家或项目所在省申报特色小镇是开始小镇建设的第一步，只有被列入国家或省里的特色小镇项目名单，才能在未来得到国家、省里的政策支持、资金支持、土地支持。实践中，部分地方政府对特色小镇申报表现最明显的一个字就是“急”：急于申报，急于拿到国家或省里的资金补贴，急于出政绩。在这种思想的指导下，忽略了特色小镇最基本的策划和规划，导致项目即使申报成功，后期在规划上也是一改再改，浪费了大量人力和物力。

部分地方政府把特色小镇想得过于简单，以为申报成功就等于万事大吉。事实上，申报成功，只是万里长征才走完第一步。申报固然是特色小镇建设不可缺少的程序，但并不是最重要的。申报成功后，还有相当重要的工作在后面，如投融资、建设和运营，等等。

科学的程序应该是：充分的顶层设计（含特色产业、开发模式、盈利模式、运营模式），申报成功后引进社会资本，洽谈投融资、建设、运营。严格来说，一个基础条件好、规划精准、资金有保障、运营服务专业的特色小镇，要建成并开始产生经济和社会效益，至少也要三五年。

以为有产业就一定能建特色小镇

实践中发现，部分地方政府对特色小镇中“产业”的理解存在较大的偏差：要建设特色小镇不是首先要有“产业”吗？我们本地有的是产业，当然可以做特色小镇了。这种对特色小镇“产业”概念理解存在误区的还不在少数：有的地方油菜花种植面积较大，就准备搞个“油菜花小镇”；有的地方土豆有特色，于是上马“土豆小镇”。

没有产业就没有特色小镇，但有了产业，也不一定适合建设特色小镇。怎么理解呢？关键是有“特色产业”：一方面，产业是特色小镇的前提，也是特色小镇持续发展的保障。没有产业作支撑，特色小镇将成空中楼阁，最后成为一纸空谈。另一方面，这种产业必须是“特色产业”，也就是根植于当地、明显区别于其他地方的独有的产业（这种产业不管是战略新兴产业还是历史经典产业，都与当地经济社会发展息息相关），否则，非“特色”的一般产业，也不符合特色小镇的特征。

以为特色小镇引进企业非“500 强”不可

在各地调研时，笔者发现一种较奇特的现象，即部分地方政府在特色小镇的规划与设想上，眼光很“高”，设想很“大”，谋划很“远”。具体来说，第一，这些地方政府希望自己的特色小镇规模一定要宏大、与众不同，震惊全国甚至世界。第二，特色小镇引进的企业一定是在某一产业领域的龙头企业（按照经济产业规律，无论是中国范围内还是世界范围内，某一个行业尤其是市场成熟度高的行业，在经过了前期的竞争、洗牌后，后期基本都会形成两三家或稍多一点的行业领军企业，其余的则多数为跟随者企业品牌）。第三，特色小镇一定要做到百年甚至千年长存。用现在的流行语，总结起来就是三个字，即要求特色小镇“高大上”。

应该说，上述地方政府对特色小镇的看法不能说不对，但也不能说全对。国家政策指出特色小镇不是一个筐，不能什么都往里面装，对特色小镇的要求是功能“聚而合”和形态“小而美”，因此特色小镇绝不是越大越好。另外，地方政府要求特色小镇引进的企业一定要是行业龙头企业、中国500强、世界500强，有无这个必要呢？笔者认为有矫枉过正之嫌。不错，各类“500强”企业（通常情况下行业龙头企业都在“500强”之列）无论是资金实力、技术实力、管理能力还是市场信誉度方面都属于佼佼者，地方政府这样要求也无可厚非，其初衷也是为了更好地建设、运营特色小镇，增加特色小镇的抗风险能力。不过，特色小镇毕竟不是只有产业，而是兼具产业、人文、旅游、社区的综合体，最关键的是引进适合本项目的优质企业，而不是必须引进“500强”企业。事实上，浙江、江苏等地的特色小镇，都没有将“500强”作为特色小镇引进企业的前提条件，小镇照样做得有声有色、风风火火。

强行将特色小镇与房地产划清界限

部分地区特色小镇建设出现房地产化倾向，这种现象引起了国家的重视和行业主管部门的警惕。2017 年 12 月国家发展改革委、国土资源部、环境保护部、住房和城乡建设部等四部委联合发布《关于规范推进特色小镇和特色小城镇建设的若干意见》，指出坚持产业建镇，“立足各地区要素禀赋和比较优势，挖掘最有基础、最具潜力、最能成长的特色产业，做精做强主导特色产业，打造具有核心竞争力和可持续发展特征的独特产业生态，防止千镇一面和房地产化”，“严控房地产化倾向，各地区要综合考虑特色小镇和小城镇吸纳就业和常住人口规模，从严控制房地产开发，合理确定住宅用地比例，并结合所在市县商品住房库存消化周期确定供应时序。适度提高产业及商业用地比例，鼓励优先发展产业。科学论证企业创建特色小镇规划，对产业内容、盈利模式和后期运营方案进行重点把关，防范‘假小镇真地产’项目”。

调研发现，由于国家出台了对特色小镇房地产的规定，行业内又出现了一种较为极端的看法，即特色小镇绝不能搞房地产，否则就是违背国家政策。甚至还有观点认为，特色小镇一旦有房地产，就会拉高土地成本，对产业发展不利，最后有可能在特色小镇内变成房地产业一业独大，小镇就不能成其为“特色小镇”了。

显然，这是从一个极端（以特色小镇之名行房地产建设之实）走向另一个极端（将房地产与特色小镇真空隔离）。实际上，同其他产业资本、金融资本一样，房地产企业是特色小镇的重要参与者。从特色小镇的功能来看，特色小镇集“产业、人文、旅游、社区”功能于一体，宜业、宜居、宜游。因此，特色小镇里需要公寓楼、文化馆、博物馆等，离不开开房地产的建设，这是特色小镇发展的基础之一。

笔者认为，关于特色小镇是否应该有房地产的问题，应该辩证地来看。首先不能绝对化地拒绝房地产，否则，没有房地产怎么体现特色小镇的“宜居”功能？怎么留得住人才？小镇的创业者、高科技人员、员工、原住民住在哪里？不可能让创业者、高科技人员和员工住在农民的老房子里吧？又怎么实现产业的发展？退一步讲，无法居住的小镇跟以前的工业园、产业园又有多大区别？其次，大量的游客从外地来到特色小镇，运营方要想尽一切办法把游客留下来，让游客满意。但即使文旅项目再有特色，没有居住的地方或者居住的环境不好，游客怎么会留下来？所以说，根据特色小镇的需要适当地建设部分房地产还是很有必要的，但此处的房地产与传统模式下的纯地产开发是完全不一样的，它只是特色小镇的一个组成部分，重点体现的是小镇的“宜居”功能，是小镇的辅业，小镇不能过度房地产化，最重要的还是产业本身，否则特色小镇就会失去自己的“特色”而变成“地产小镇”，那样就会拉高地价，影响特色小镇其他产业的发展。

特色小镇规模走极端

认为特色小镇越大越好

一是认为特色小镇范围越大越好。通常情况下，特色小镇规划面积 3 ~ 5 平方公里（4 500 ~ 7 500 亩），核心建设用地 1 平方公里（1 500 亩），总投资额 3 年 30 亿元到 50 亿元。需要说明的是，这里的规划面积 3 ~ 5 平方公里和核心建设用地 1 平方公里并不是绝对的数字，而是要实事求地根据小镇本身的地理位置、产业特色、文旅基础等现实情况综合衡量。比如农业小镇就比金融小镇、科技小镇要大，因为农业以大规模种植养殖为主，如果面积不够大，就无法实现机械化耕作、科学化生产（如地方太小就不能采用无人机播种、喷洒农药等）、也就无法产生规模效益。相反，金融小镇、科技小镇如果建设面积过大，小镇内企业之间隔得太远，上中下游产业链之间的协作就很困难，小镇居民工作、生活上就会面临困难，就无法实现特色小镇的形态“小而美”。总的来说，特色小镇的规划面积和核心建设面积需要根据小镇的产业集聚趋势因地制宜地确定，避免过去在产业园、大学城和新城建设中的“运动式造城”现象。2017 年 12 月 4 日，国家发展改革委等四部委联合发文明确要求规范推进特色小镇建设，要求坚持因地制宜，从各地区实际出发，遵循客观规律，实事求是、量力而行、控制数量、提高质量，体现区域差异性，提倡形态多样性，不搞区域平衡、产业平衡、数量要求和政绩考核，防止盲目发展、一哄而上。

二是认为投资规模越大越好。一个特色小镇的投资规模一般为 30 亿 ~50 亿元。实践中，部分地方政府出于拉动地方经济或“政绩”考核的考虑，往往追求更高规模、更多项目。其结果是很多特色小镇投资规模远超 50 亿元，往往达到七八十亿甚至超过百亿元。那么，特色小镇的投资规模是不是越大越好呢？答案是否定的。特色小镇投资规模不是越大越好，当然也不是越小越好，而是要综合多方面的因素：产业特色、资源禀赋、交通因素、旅游人数、地方经济规模、社会资本的实力和优势，等等。

拘泥于“4 个 3”

国家法规政策有一个特点，就是不可能照顾到全国所有地方，也不可能用全国的某个地方的标准来衡量（比如特色小镇建设以浙江省为标准）。我国幅员辽阔，各地经济发展程度不一样，尤其是东部和中西部经济发展差异较大，因此国家法规政策只能规定一般的情况，各地区的情况再由项目所在地的政府规定。国家政策规定小镇建设时间上一般为“3 年”，范围为“3 平方公里”，人数为“3 万人”，投资规模为“3 年 30 亿元”，因此业内人士将之总结为“4 个 3”。这是国家根据全国各地的一般情况而定的，并不适合所有地方的所有小镇。不过遗憾的是，许多地方政府将前述的“4 个 3”奉为圭臬，唯“4 个 3”标准是从，凡是违反“4 个 3”的都不允许。显然，这种“一刀切”的做法陷入了认识上的误区。事实上，各个地方的资源禀赋不同、交通状况不同、经济发展程度不同、特色产业不同，如果简单粗暴地将所有的特色小镇都用“4 个 3”来框定，又有多少地方适合建特色小镇？举个例子，一些旅游项目是天然形成和后期开发的，面积一般都超过 3 平方公里，这样的小镇就不能建文旅小镇吗？一些农业园本来占地面积就达一二十平方公里甚至更大，这样的小镇能否建农业特色小镇？如果要建，按照“4 个 3”的标准是否只能划定其中的其个区域建？那样的话农业的规模效益怎样产生？

照抄照搬“浙江经验”行不通

提到我国特色小镇建设，不得不提特色小镇的发源地浙江。同样，研究我国的特色小镇，浙江是最需要浓墨重彩的一笔。2015 年以来，浙江省创新性地提出“在全省规划建设一批产业特色鲜明、人文气息浓厚、生态环境优美、兼具旅游与社区功能的特色小镇”。一时间，“特色小镇”建设热潮席卷整个浙江：杭州玉皇山南基金小镇、余杭梦想小镇、西湖云栖小镇、海宁皮革时尚小镇、嘉善巧克力甜蜜小镇……浙江特色小镇的如火如荼引起了其他地方的高度关注，吸引了全国各地方的政府纷纷前来学习取经。也是从 2015 年开始，全国兴起了一股学习、研究、借鉴浙江特色小镇的热潮。而从地方政府官员的反馈来看，大家对浙江特色小镇建设的成果赞不绝口。

地方政府官员学习了浙江特色小镇经验，回去后一个现实的问题是规划引领本地的特色小镇建设。那么一系列的问题来了：怎么建？重点建哪些内容？以什么方式建？怎样产生良好的社会经济效益？最重要的问题是：怎样建设一个真正的、能持续发展的特色小镇？

按照科学的规律，在建设特色小镇时，地方政府应该因地制宜，结合本地实际情况，借鉴其他地区的成功经验，创造性地发展自己的特色小镇。令人担忧的是，部分地方政府在规划本地特色小镇时，或许是出于对风险控制的担忧，或许是因为对权威的盲从，或许是思想比较保守，又或许是前述多种因素的综合，导致在建设特色小镇时采取很现实的“拿来主义”，照抄照搬浙江经验。

毫无疑问，浙江在我国特色小镇建设方面进行了成功的探索，也取得了引以为傲的成绩，值得总结、学习和借鉴。但是不是说浙江特色小镇建设就相当完美甚至没有任何瑕疵了呢？显然不是。研究发现，即使是作为特色小镇建设的“领头羊”，浙江特色小镇发展也存在隐忧。

2016 年 6 月，经浙江省特色小镇规划建设工作联席会议办公室组织考核，浙江省政府审定，2015 年度省级特色小镇创建对象评选出了优秀、良好、合格、警告、降格小镇。其中，余杭梦想小镇、诸暨袜艺小镇、上城玉皇山南基金小镇等 7 个获评优秀小镇，临安云制造小镇、桐乡毛衫时尚小镇、海宁皮革时尚小镇等 9 个被评为良好小镇，其他 17 个为合格小镇。此外，还有三个特色小镇被警告。某滨海养生小镇则是唯一被降格的，其被降格为省级特色小镇培育对象。

公开资料显示，某滨海养生小镇位于某海湾度假区中心位置，总面积约 3 平方公里、实际可开发面积 1 平方公里。不过，该滨海养生小镇在创建一年后各项指标均为零，包括固定资产投资、特色产业投资、税收收入、服务业营业收入、工业企业主营业务收入、旅游接待总人数等。究其原因，主要是该滨海养生小镇所在度假区前期未做大开发，只进行了基础设施、几条主干道和河道的建设，几乎没有相关产业基础。进一步调查发现，根源在于原本有意向投资500亿元的主投资方“撤资”[1]。

再拿余杭梦想小镇与美国格林尼治对冲基金小镇相比较。美国格林尼治对冲基金小镇有超千亿美元的对冲基金大鳄，小镇因此被誉为“世界对冲基金之都”。格林尼治小镇位于康涅狄格州，占地面积仅170多平方公里，人口只有6万多。这座小镇里集中了超过500家的对冲基金公司，其掌握的财富规模全世界仅排在纽约和伦敦之后。格林尼治小镇具有明显的特点与优势，如集聚效应、税收优惠、环境优美等。体现在交通方面，这里离纽约州很近，只有60公里，坐火车只需半个多小时。此外，小镇周边有三个机场，方便年轻人出行。体现在基础设施方面，这里配备有各类娱乐设施、健康健身设施和心理诊所，利于交易员释放压力。余杭梦想小镇负责人曾指出，梦想小镇在交通配套以及生活居住配套方面不是特别完善，这些配套的招引、落地需要一个过程，在这个过程中，可能存在无法完全满足年轻创客需求的问题。

一些地方已经对特色小镇建设实行动态考核。比如，天津市在特色小镇建设中，将市级特色小镇年度建设任务纳入市人民政府对各区年度目标考核体系。对未完成年度目标考核任务的特色小镇，实行退出机制，

[1] 受国内国际宏观经济环境不景气、当地基础设施配套相对落后等影响，产业资本投资意愿变弱，最终撤出。

下一年度起不再享受市级特色小镇扶持政策。又如，2016年底，山东省人民政府发布《山东省创建特色小镇实施方案》，到2020年，山东将创建100个左右产业上“特而强”、机制上“新而活”、功能上“聚而合”、形态上“精而美”的特色小镇。按照方案要求，特色小镇申报每年组织一次，按照创建内容，凡具备创建条件的均可申报。同时引入第三方评价机构，每年评价一次，实行动态管理制度。对第一年没有完成规划建设投资目标的，给予黄牌警告，对连续两年没有完成规划建设投资目标的，取消特色小镇创建资格。

评论认为，我国特色小镇经考核被警示、被降格，说明特色小镇的创建并非“金饭碗”，即使当下跻身“优秀”行列的小镇也面临教育、医疗等基础配套和人才集聚方面的困扰。

特色小镇：房企的战略转移方向？

当前，全国各地创建特色小镇的热情高涨。

2016年，住房和城乡建设部等三部委决定计划到2020年培育1 000个特色小镇。据了解，目前全国计划建设特色小镇的总量已经多达五六千个，有的县甚至制订了建设十几个特色小镇的宏伟计划。值得引起警惕的是，一些地方存在借特色小镇之名行房地产开发之实的现象。媒体报道称，在珠三角，某房地产企业借助“科技小镇”概念推动产业地产，获得地方政府大量土地资源支持；在长三角，一家房地产企业打算在大城市周边打造标准化的“农业小镇”：2 平方公里农业区配套 1 平方公里建筑区，计划承载 3 万人。

国家发展改革委等四部委发布的《关于规范推进特色小镇和特色小城镇建设的若干意见》指出，近年来，各地区各有关部门认真贯彻落实党中央国务院决策部署，积极稳妥推进特色小镇和小城镇建设，取得了一些进展，积累了一些经验，涌现出一批产业特色鲜明、要素集聚、宜居宜业、富有活力的特色小镇。但在推进过程中，也出现了概念不清、定位不准、急于求成、盲目发展以及市场化不足等问题，有些地区甚至存在政府债务风险加剧和房地产化的苗头。而对于房地产企业而言，其面临的现状可以用“严峻”两个字来形容：在“去库存”的大背景下，行业的集中度越来越高，地价越来越贵，利润不断下滑，“转型”成为房地产企业最现实的选择。

伴随我国特色小镇快速推进步伐的，是近些年在中国经济建设中扮演重要角色的房企，尤其是业内知名的房企。梳理发现，一批国内知名房企正积极布局特色小镇，探索以特色小镇计划寻找新的利益增长点。

据媒体跟踪统计，截至2017年7月，至少有20多家品牌房地产开发企业明确提出要进军特色小镇领域，其中部分企业已开始动工建设。万达、万科、碧桂园、华夏幸福、华侨城、绿地等一批国内知名房企正在打造中国的“小镇计划”。

公开资料显示，碧桂园计划在5年内投资千亿元建设多个智慧生态科技小镇；华侨城提出以PPP模式在全国打造100座特色小镇；蓝城计划在10年内造100个理想生活小镇；雅居乐则以“3+2+2”产业体系构建全民体育特色小镇。

特色小镇是房企转型的重要选择

很显然，随着我国经济转型和产业结构的调整，以及大城市土地资源日益稀缺，原先风生水起的房地产行业站在了生存与发展的十字路口。

房地产的寒冬真的到了。焦虑之下，房地产企业积极寻找突破口，而恰在此时，特色小镇迅速兴起，集产业、人文、旅游、社区“四位一体”的特色小镇立即吸引了房企的目光。不夸张地说，此时的房企面对国家重点推广的特色小镇，如同掉进水的人抓住了一根救命的稻草。

房企早已试水特色小镇

据了解，早在 10 多年前，也就是“特色小镇”概念尚未像目前这么时髦、国家也未重点推广的情况下，就有房企试水特色小镇，其中的代表便是华银基业。如华银（天鹅湖）国际生态城依托自身的生态条件，发展智慧产业、生态产业和高端服务产业。

房企转型特色小镇的分类

前瞻产业研究院发布的《2017—2022 年中国特色小镇建设战略规划与典型案例分析报告》显示，虽然都在向特色小镇开发业务转型，但不同房地产企业之间的侧重点不尽相同。对此，有专业机构对房企转型特色小镇的模式进行了分类，主要有四种：第一种是以碧桂园和时代地产为代表的科技型服务小镇；第二种是以“双城”——绿城和蓝城为代表的农业小镇；第三种是以华侨城为代表的文旅小镇；第四种是以华夏幸福为代表的产业小镇。

碧桂园的总部位于广东佛山，其特色小镇业务重点区域主要集中在惠州和东莞等珠三角地区。这些地区毗邻科技产业发达的深圳，因此碧桂园在这些地区重点进行科技小镇的开发。数据显示，2016 年 8 月碧桂园宣布“产城融合”战略，推出科技创新智慧生态小镇计划，从而正式进军产业地产。仅仅一年多的时间，碧桂园就已经布局了5个科技小镇。按照规划，未来几年碧桂园将投入千亿元，按照不低于森林城市的建设标准开发多个科技小镇，科技小镇将成为碧桂园未来的新增长点。

绿城以“农业小镇”为主打概念。造中式别墅和排屋是绿城最擅长的，比如被人们津津乐道的桃花源、四季酒店以及云栖玫瑰园等。不过中式院子动辄数千万甚至上亿元的价格只适合中产阶级，不适合看中宜居、宜业、宜游特色的“特色小镇”广大普通居民。因此，绿城几年前开始百万小别墅的尝试，并且将目标瞄准老吾老、幼吾幼、老少各得其乐的全龄化生活社区。绿城重点选择“农业小镇”。按照绿城的设想，“农业小镇”在地理区位上要有优势，即距离上海、杭州等城市三五十公里，依靠小镇中房地产开发建设收益带动周边农业改造，建成大型特色农业基地；在区域范围上需要三平方公里土地，其中两平方公里是农业产业，一平方公里开发建设；在人口规模上则形成3万人的小镇。未来5 ~ 10年，绿城将打造5 ~ 10个这样的“农业小镇”。

近几年，绿地在各地布局特色小镇。“特色小镇”成为绿地的业绩增长点。绿地提出“智慧健康城”和“文化旅游城”等大盘开发模式的小镇战略，针对特大城市或大城市群的产业溢出、人口溢出，投资启动特色小镇大盘项目。按照京津冀区域特色小镇的大盘战略，绿地将在北京等一二线重点城市远郊及周边储备多个特色小镇大盘项目。

在“去库存”的大背景下，大房企步履迟缓，中小房企则努力求生存。华夏幸福正是通过产业新城模式在市场上杀出了一片天地，高举“产业新城运营商”的大旗（即一个提供区域经济综合解决方案的供应商），在特色小镇的开发和运营上走在市场前列。受益于“产城融合”的开发模式以及京津冀规划带来的产业红利，华夏幸福以“PPP 市场化运作”为机制，依托产业集群优势，通过提供产业发展规划、全球资源整合、招商管理服务、景区化智慧化运营等全产业链服务，与政府合作共创新型特色小镇。华夏幸福目前已经建立并初具规模的小镇包括大厂影视小镇、香河机器人小镇、嘉善人才创业小镇。此外，根据公司公告，足球小镇、健康小镇和葡萄小镇也将陆续推出。根据华夏幸福最近公布的计划，其将在未来三年在环北京区域、沿长江经济带以及珠三角区域等大城市、核心城市的内部以及周边布局百个特色小镇。

在红红火火的特色小镇建设中，国内知名房企恒大也没有缺席，为中国足球做出突出贡献的恒大将足球与特色小镇结合打造足球小镇，这一点都不出人意料。2017 年伊始，根据规划，广东清远将在现有恒大足球学校和恒大金碧天下两大建设板块基础上，建设“恒大欧洲足球小镇”，拟将小镇定位为立足珠三角地区、面向全球的国际足球文化名镇，并融汇山水田园特色、人文风情，打造出多元活力的国际旅游目的地。分析认为，特色小镇发展的关键就在于特色产业是否具有完整的产业链，以及是否成熟到足以对抗行业风险。鉴于恒大在足球和地产方面的经验，足球小镇的未来仍然可期。

关于房企参与特色小镇的辩证思考

调研发现，关于房地产企业参与特色小镇建设、投资，目前业界有两种相互对立的观点：一种观点认为，房地产企业参与特色小镇，心思和精力都不会放在小镇特色产业的打造上，也不会放在人文旅游水平的提高上，更不会放在小镇的运营上，其根本的目的还是建房子、卖房子，然后赚钱走人。说到底，与传统的房地产开发相比，此种方式不过是房地产企业换了一个地方（即由城市转向城市周边的村镇或由一二线城市转向三四线城市）搞房地产开发，是一种“曲线救国”罢了。但最终的结果只有一个，即给所谓的“特色小镇”所在地政府留下一片房子，也留下了一堆烦恼。因为这样的“特色小镇”有违国家政策初衷，注定会失败。此外，一些房地产企业看中特色小镇，是“醉翁之意不在酒”，此前就有专业人士指出，特色小镇受一些房企的追捧，主要是因为以特色小镇名义向政府拿地成本相对较低，但这和特色小镇建设的初衷相背离，最终是行不通的。另一种观点认为，房地产业是中国经济的重要支柱产业之一，房地产业与金融、建筑、建材、电器以及服务业等多个上下游产业之间关系密切，每个房地产开发企业都是一个开发商、资源整合商。房地产企业开发特色小镇具有诸多优势：一是可以围绕房地产培育特色产业尤其是金融产业、高科技产业（无论是普通公寓楼、排屋，还是更高档的住宅小区甚至小别墅，都需要人来购买和居住，而如果小镇本身就有金融产业、高科技产业这类技术含量高、经济效益好、有发展前景的企业，那么在小镇工作、创业的高级管理人员和高收入人群无疑是高档小区甚至小别墅的主要购买者）；二是房地产企业尤其是知名的房地产企业资源丰富，在传统开发模式下积累了包括产业资本和金融资本在内的丰富资源，与它们有过很好的磨合，在开发特色小镇的过程中，房地产企业可以和这些资本组成联合体，发挥各自的优势，从而更好地开发、建设、运营。

笔者认为，应该辩证地看房地产企业积极参与特色小镇投资、建设。

首先，房地产企业可以参与特色小镇开发，这是前提，也是不违背国家政策的。自 2016 年国家重点推广特色小镇起，没有任何政策规定房地产企业“禁入”特色小镇。

其次，虽然房地产企业可以参与特色小镇开发，但并不表示房地产企业可以完全按传统的经营模式（即“拿地、盖房、卖楼”模式）操作，否则小镇将没有产业，没有利润支撑点，没有长期可持续性，未来的运营将面临很大的风险隐患。房地产企业应该按照特色小镇的开发要求，围绕产业、人文、旅游、社区做文章，重点发展特色产业，导入相关产业，辅之以房地产的开发。如在推荐第二批全国特色小镇时，住房和城乡建设部就明确要求不得推荐以房地产为单一产业的镇，并且被推荐的小镇需实施并储备一批质量高、带动效应强的产业项目。总之，主次不能模糊，本末不能颠倒。如果房地产企业只是假借特色小镇之名行圈地盖房卖房之实，必然是政策所禁止的。

最后，房地产企业需要转换角色。正如人的社会角色是多样的，企业的角色也是多样的，必须根据不同的经济环境、经营模式进行恰当的转换。比如传统开发模式下房地产企业的角色主要是拿地、盖房、卖楼的开发商，角色比较单一，面临的风险也比较集中。而在特色小镇模式下，房地产企业需要华丽转身，成为一个成功的运营商，将企业的资金、技术、管理优势以及各方资源紧紧地归集到特色小镇身上。不仅如此，房地产企业还需要将自身的长期发展战略与特色小镇开发紧密结合在一起，成为真正的“命运共同体”。长期关注小城镇建设的中国房地产业协会小城镇开发专业委员会副秘书长田野表示，房地产企业不是不可以进军特色小镇领域，但需要进行角色转换，不能再把自己简单地定位为盖楼卖房，而要转型做好特色小镇的运营商，把企业发展与特色小镇更紧密地融合在一起。

03

特色小镇建设的破题之路

自2016年7月，住房和城乡建设部、国家发展改革委、财政部三部委发文正式推动特色小镇建设以来，相关部门又接连发布建设指导、首批名单、千企千镇工程、金融支持等相关文件，特色小镇的全国化建设路径逐渐明朗，特色小镇开启破题之路。此外，地方政府也发布了推广和支持特色小镇建设的地方政策，在用地规划、专项资金、融资创新、产业发展、人才引进、综合服务等方面，特色小镇的开发运营可享受多重政策扶持。

顶层设计、前端策划与专业规划

地方政府要引导建设一个特色小镇，首先这个区域肯定不是一张白纸，也不是一块空地，否则建设难度太大，也很难引起社会资本的兴趣。其次，这个区域一定要有一定的产业、人文、旅游、社区基础，尤其是产业基础，凭空打造某一个产业是万难成功的，浙江特色小镇建设经验和教训就证明了这一点。那么，是不是说一个区域有了一定的产业、人文、旅游和社区基础，在打造特色小镇时就可以直接建设，就可以不重视顶层设计、前端策划与专业规划了呢？答案是否定的。

顶层设计

小镇不是画出来的，而是经顶层设计、策划、规划、建设、运营培育出来的。从顺序上来讲，特色小镇的策划、规划是排在最前面的，这样才能确保有序开发。“顶层设计，规划先行”是特色小镇建设必须遵守的定律。可以说，在小镇建设过程中，顶层设计扮演着非常重要的角色。概括来说，特色小镇顶层设计包括战略定位、规划理念、核心产业、空间结构、开发模式、盈利模式、运营管理、服务体系、品牌建设等九大板块，且这九大板块之间是相辅相成的。正如专业人士所言，顶层设计包含的东西太多，有太多的文章要做，没有顶层设计等于盲人摸象。如果想到哪做到哪，想到什么做什么，别人有什么，我就跟着做什么，随意性代替了科学性，个人意志代替了市场需求，这样做的结果只能是没有特色，没有吸引力，没有充沛的利润来源，当然就不可能成功。

前端策划

调研发现，部分地方政府在特色小镇建设方面存在重建设轻策划、混淆策划和规划的关系等问题，有的地方政府为了节省投资费用和加快建设进度，甚至不要策划或者干脆以规划代替策划。如此种种，都源于对特色小镇策划的重要性不了解或认识程度不够。实际上，特色小镇成功与否，与好的策划紧密相关：有了好的策划才会有好的规划，有些规划就是因为没有策划，导致后期反复修改，大大增加了规划设计的难度。同时，好的策划才是项目成功建设和运营的关键所在。否则，项目一旦建成落地便不可能像规划那样在纸上改来改去，不可能像规划师在电脑上修改那样轻而易举地盖房子修道路。后期只要涉及项目的增减、变动，都会牵一发而动全身：供水、供电、供暖、供气、道路以及管网敷设等，不仅需要大量资金投入，而且影响整个项目的运营。

具体来说，特色小镇的策划比一般的项目要求更高，要考虑要素的导入、项目的前期建设和后期运营，而且还要统筹考虑人口分布、生产力布局、国土空间利用和生态环境保护等。就工作内容分工而言，特色小镇策划和规划主要由咨询公司和规划设计院来完成，如产业规划、空间结构设计、投融资模式等。

以特色小镇与产业园区的区别为例。在前期策划和规划方面，许多产业园缺乏主导产业的谋划、核心项目的规划和整个产业链条的策划，而更偏重靠基础设施、税收等优惠政策招商。因此，产业园推进的速度慢、效果差。这也是当前各地许多产业园空置的重要原因。公开资料显示，我国有国家级产业园区近500家，省级产业园区超过1 000余家，市级产业园区数不胜数，平均每个城市拥有5家省级及以上产业园区，整体空置率高达45%。供给过剩，存在有企业无产业、产业点高面低，特色不明显、定位不清晰、产业关联度不高、创新不足、配套服务薄弱等多方面的问题，园区招商难、盈利难成了普遍共识。

再来看特色小镇。一方面，特色小镇本身强调产业“特而强”，功能“聚而合”，形态“小而美”，机制“新而活”，因此十分重视产业的谋划、项目的规划和各项功能区块的策划；另一方面，特色小镇强调“政府引导，企业主体，市场化运作”，且目前多数以PPP模式操作，因此市场化的经营和思路要超过产业园区。产业园区一般需要政府招商，特色小镇则以企业为主体投资、建设和运营，这就在制度上确保了社会资本提前介入，发挥社会资本的作用，对项目本身的建设和运营更为有利。毕竟项目建成后需要以社会资本为主体来运营数十年，为了切身的利益、投资风险和回报，社会资本在谋划阶段会不遗余力做好项目的策划和规划。

专业规划

笔者认为，特色小镇虽然不是规划出来的，但绝对少不了规划。

建设特色小镇一定要着眼长远。一个真正的特色小镇，从规划到建设、到运营、到具备基本的功能，最起码需要20年时间。以浙江省为例，浙江的许多特色小镇开发持续了一二十年甚至更长时间。因此，在漫长的建设和运营期，特色小镇的经济社会效益短期内无法显现，无论对政府还是社会资本来说都是一大挑战。

需要重点指出的是，特色小镇的规划与传统的规划既有相同点，也有不同点。究其原因，还是因为特色小镇是生产、生活、生态“三生融合”和产业、人文、旅游、社区“四位一体”，在地理位置上小镇通常位于离城市较近的郊区或城乡接合部，因此规划考虑的因素非常多，如产业、人文、旅游、生态、交通、环境，等等。可以说，特色小镇规划需要高度的专业化，难度非常大。要做好专业规划，就需要关注如下几个方面。

政府部门重视规划

规划是设计、投融资、建设和运营的前提，没有强有力的、科学的规划，特色小镇极易南辕北辙，投资越大，越不容易转向，到最后损失也越大。因此，地方政府要围绕产业“特而强”、功能“聚而合”、形态“小而美”、机制“新而活”做好小镇规划。具体来说，政府要充分发挥规划引领作用，高水平编制规划，不仅要编制概念性规划，还要编制控制性详规，突出规划的前瞻性、协调性、操作性和有效性，以确保特色小镇规划可落地。当下我国遍地开花的“特色小镇”建设中暴露出一些问题，如部分地方政府对特色小镇建设采取“捡进篮子就是菜”的态度，对特色小镇的发展没有长远规划，甚至出现削山、填湖、破坏植被等破坏生态环境的现象，这一点应该引起警惕。

2017 年 1 月，国家发展改革委联合国家开发银行出台了《关于开发性金融支持特色小（城）镇建设促进脱贫攻坚的意见》（发改规划〔2017〕102 号），要求加强对特色小（城）镇发展的指导，推动地方政府结合经济社会发展规划，编制特色小（城）镇发展专项规划，明确发展目标、建设任务和工作进度。事实上，早在 2014 年 4 月，浙江省政府就率先出台了《浙江省人民政府关于加快特色小镇规划建设的指导意见》（浙政发〔2015〕8 号），指出在运作方式上，特色小镇建设要坚持政府引导、企业主体、市场化运作，既凸显企业主体地位，充分发挥市场在资源配置中的决定性作用，又加强政府引导和服务保障，在规划编制、基础设施配套、资源要素保障、文化内涵挖掘传承、生态环境保护等方面更好发挥作用。

多规合一

多规合一，是指将国民经济和社会发展规划、城乡规划、土地利用规划、生态环境保护规划等多个规划融合到一个区域上，实现一个市县一本规划、一张蓝图，解决现有各类规划自成体系、内容冲突、缺乏衔接等问题。特色小镇规划一定要做到多规合一，即特色小镇建设只能有一张图，而不能搞若干规划。换句话说，特色小镇规划必须遵从当地的产业规划、土地规划、环境保护规划等上位规划，而不能另起炉灶另搞一套。如广东省提出到 2020 年广东将建成约 100 个省级特色小镇，特色小镇的产业发展水平、创新发展能力、吸纳就业能力和辐射带动能力显著提高，成为新的经济增长点。按照“多规融合”“产城融合”的要求，高起点、高标准、高质量编制建设规划；发展特色主导产业；强化自然生态保护，创造优良人居环境；创新市场化开发建设运营机制，走出一条具有广东特点的特色小镇发展新路子。

深入挖掘当地的特色基因

一个地方之所以要建设特色小镇，有其必然的特色基因。因此，特色小镇规划要紧紧抓住这一点，深入挖掘当地的特色基因，就不至于“跑题”，也不至于大而空、大而全。如有的地方在规划上涉及本地特色的内容占比很小，大概只有 10% ~ 20%。而实际上，规划中最应该突出的正是本地的特色基因。分析指出，如果做出来的规划也适合于别的地方，基本可以判断这不是个好规划。

考虑盈利模式

规划先是做在纸面上，然后才是落地。有的规划做得非常漂亮，简直如梦如幻，但有多少是符合实际的，盈利的可能性有多大呢？恐怕要打一个大大的问号。毕竟，特色小镇不是用来看的，而是用来经营的，如果规划出来的小镇投入成本高、盈利性差，是没有多少投资者敢往里面投钱的。要知道知投资者都是理性的，再好看的规划设计也要经得住投资回报的考验。一句话，没有盈利的规划，终究是空中楼阁。

重视软规划，融入文化因素

特色小镇除有产业外，还有文化的内涵。文化是特色小镇不可或缺的重要元素，是支撑特色小镇发展的保障，也是与普通的行政建制镇的重要区别。特色小镇既要重视产业等“硬规划”，又要重视文化等“软规划”，这样才能突出小镇的特点，彰显当地特色传统文化、丰富小镇的内容，增强小镇的活力。如浙江嘉兴乌镇、江苏苏州同里[1]都是经过

---

[1] 同里古镇属于江苏省苏州市吴江区，位于太湖之畔，紧靠市政府所在地，自宋代建镇距今已有一千多年历史。镇区内始建于明清两代的花园、寺观、宅第和名人故居有数百处，“川”字形的15条小河分隔成七个小岛，而49座古桥又将其连成一体，以“小桥、流水、人家”著称。同里古镇1980年被列为国家太湖风景区景点之一，1982年又被列为省级文物保护单位。1992年被列为省级文物保护镇，著名景点“退思园”被联合国教科文组织列为世界文化遗产，2010年被国家旅游局评定为国家5A级旅游景区。

几百年上千年的文化积累才形成的。在浙江诸暨袜艺小镇，既有工厂车间（工厂现场可以观看和体验袜子、被子织造的过程），又有展示袜子历史的博物馆，还有不定期举行世界级袜业论坛的展览馆等。又如，陕西礼泉的一些特色小镇都保留并传承着乡村记忆与元素，主要内容包括古关中的磨面、织布、榨油、酿醋、茶楼、秦腔、民间说书等。

社会资本提前参与小镇规划

具体来说，从特色小镇开发的角度，地方政府的职能主要是控制规划，但同时应该让潜在的投资者参与进来，否则到项目后期有可能面临调整控制规划，浪费大量时间和人力物力。因为政府找设计院做规划时通常没有投资概念，只有投资者才真正了解市场，提出的规划意见比较符合市场需求。

用地政策及用地方案详解

在特色小镇实际推进过程中，不仅用地指标有限，土地权属也相当复杂。从土地权属的角度来看，分为国有土地和集体土地。特色小镇主要以产业为核心形成产城融合小镇，因此其土地用途可分为住宅用地、产业用地、商业用地、公共服务用地及其他用地。

特色小镇的多样性与土地利用的复杂性

我国实行严格的土地用途管制制度

我国实行严格的土地用途管制制度[1]，按照《中华人民共和国土地管理法》的规定和土地的自然属性及土地的利用状况，将土地分为农用地、建设用地和未利用地。农用地可分为耕地、林地、牧草地和农田水利用地、养殖水面等；建设用地可分为城乡居民住宅用地、公共设施用地、工矿用地、交通水利设施用地、旅游用地、军事设施用地等。土地用途管制的内容包括：土地按用途进行合理分类、土地利用总体规划规定土地用途、土地登记注明土地用途、土地用途变更实行审批、对不按照规定的土地用途使用土地的行为进行处罚等。

我国严格按用途审批用地，各种建设项目使用土地都必须严格遵守和执行土地利用总体规划，各级土地行政主管部门必须严格按照土地利用总体规划确定的用途审批用地，严格控制农用地转为建设用地。不符合土地利用总体规划确定的用途，不得批准建设项目用地。要严把用地审批关。

---

[1] 土地用途管制制度，是指国家为了保证土地资源的合理利用，经济、社会、环境的协调发展，在编制土地利用总体规划中划定土地用途区域，确定土地使用限制条件，土地所有者和使用者严格按照国家确定的土地用途利用土地的制度。其核心是依据土地利用总体规划对土地用途转变实行严格控制。

特色小镇类型众多，用地需求不一

特色小镇是以特色产业为中心，结合项目所在地文旅特色进行的综合开发。就类型而言，包括新兴产业型、特色产业型、高端制造型、历史经典型、文化旅游型、交通区位型、生态旅游型、资源禀赋型、金融创新型等。不同的产业模式下有着不同的用地需求。

特色小镇功能多，土地用途不一

我们知道，特色小镇建设虽然在功能上需要“聚而合”，但是不能排除其功能多的特点：兼具产业功能、文旅功能、居住功能、生态功能、休闲功能，等等。不同的功能组合横跨了多类不同用途的土地，模糊了土地权属的界限。如产业功能区域以新批建设用地为主，文旅功能则以存量用地为主。可以说，特色小镇功能上的“聚而合”反映了土地需求的多样性和土地利用的复杂性。以近年来出现较多的农业特色小镇为例，农业特色小镇除了农业特色产业外，还会涉及一些文旅项目和居住项目，因此其用地可能同时包括农用地（耕地、林地、牧草地和农田水利用地、养殖水面等）、建设用地（城乡居民住宅用地、公共设施用地、工矿用地、交通水利设施用地、旅游用地、军事设施用地等）以及未利用地。

总而言之，依据特色小镇的功能和产业需求，其用地选址通常分布于不同权属下的土地，而因用地性质不同导致获取土地的方式与路径不同，这无疑增加了特色小镇土地获取的难度；与其他土地政策相比，不同功能用地需要走不同的审批流程，因此特色小镇用地在申请报批、政府审批上流程更为复杂，成本也更大。

特色小镇土地保障难题亟待破解

特色小镇要落地，首先就涉及用地指标。无论是核心产业布局还是市政道路、自来水厂、污水处理厂等基础设施配套，都需要大量用地。经测算，如果按照浙江特色小镇规划面积 3 平方公里、建设面积 1 平方公里计算，“十三五”期间，1 000 个国家级特色小镇就需要新增建设用地 1 000 平方公里。

中央及地方关于特色小镇用地的支持政策

中央和部委层面

《国务院关于深入推进新型城镇化建设的若干意见》第六条“完善土地利用机制”为解决特色小镇用地问题指出了四条解决路径：一是规范推进城乡建设用地增减挂钩；二是建立城镇低效用地再开发激励机制，允许存量土地使用权人在不违反法律法规、符合相关规划的前提下，按照有关规定经批准后对土地进行再开发；三是因地制宜推进低丘缓坡地开发；四是完善集体建设用地经营权和宅基地使用权流转机制。支持农民发展农家乐，闲置宅基地整理结余的建设用地可用于休闲农业。鼓励利用村内的集体建设用地发展休闲农业，支持有条件的农村开展城乡建设用地增减挂钩试点，发展休闲农业。鼓励利用“四荒地”（荒山、荒沟、荒丘、荒滩）发展休闲农业，对中西部少数民族地区和集中连片特困地区利用“四荒地”发展休闲农业，其建设用地指标给予倾斜。

地方层面

梳理发现，各地关于特色小镇的用地政策，主要包括以下几种措施：

■ 建设用地计划优先安排用地指标。

■ 将用地指标作为奖励和惩罚手段。

■ 城乡建设用地增减挂钩指标。比如湖北省 2017 年起单列下达每个特色小（城）镇 500 亩增减挂钩指标。

■ 利用低丘缓坡、滩涂资源和存量建设用地。比如湖北省要求特色小镇的建设优先利用低丘缓坡地、滩涂资源和存量建设用地。

■ 工矿废弃地复垦利用和城镇低效用地再开发。

■ 过渡期按原用途使用土地。

■ 农村集体建设用地流转和租赁。

获取特色小镇用地的路径

梳理发现，获取特色小镇用地主要有以下路径：

国有土地长期租赁、先租后让、租让结合方式

《中华人民共和国土地管理法》规定，国有土地可以由单位或者个人承包经营。农民集体所有的土地，可以由本集体经济组织以外的单位或者个人承包经营，从事种植业、林业、畜牧业、渔业生产。

2016 年 10 月，国土资源部办公厅印发《产业用地政策实施工作指引》（国土资厅发〔2016〕38 号），提出土地租赁和出让的招拍挂工作可合并实施；可通过先租后让方式使用土地；允许以协议方式办理出让手续等政策。需要指出的是，上述政策规定，以长期租赁方式使用土地的，应按照《规范国有土地租赁若干意见》（国土资发〔1999〕222 号）执行，租赁期限按照合同法规定，不得超过 20 年。也就是说，特色小镇开发者在以长期租赁方式获取土地时，应该考虑 20 年租赁期限的限制。尤其是对采取 PPP 模式的特色小镇而言更应充分考虑，PPP 项目的合作期限为 10 ~ 30 年，且包括特色小镇在内的大型项目合作期都在 20 年以上。如果项目在合作期而国有土地长期租赁协议到期了怎么办？笔者建议，如果采取长期租赁形式使用土地，可考虑在租赁合同上设置优先条款，以保障特色小镇开发建设的安全性和持续性。

集体经营性建设用地使用权入股、联营等形式

2017 年 5 月，国土资源部发布《中华人民共和国土地管理法（修正案）》（征求意见稿），提出了国家建立城乡统一的建设用地市场的意见，明确指出：符合土地利用总体规划的集体经营性建设用地，集体土地所有权人可以采取出让、租赁、作价出资或者入股等方式由单位或者个人使用，并签订书面合同。国家发展改革委印发的《关于加快美丽特色小（城）镇建设的指导意见》（发改规划〔2016〕2125 号）也指出，城中村集体建设用地可依法征收开发，集体经营性建设用地入市改革试点地区，可按照改革试点要求，采取自主、联营、入股等方式进行改造开发。

国土资源部发布的《产业用地政策实施工作指引》规定，产业用地政策允许依法使用集体建设用地的，除农村集体经营性建设用地入市改革试点地区外，其他地区应按《中华人民共和国土地管理法》相关规定执行，应以农村集体经济组织自行使用，或农村集体经济组织以土地使用权入股、联营等方式与其他单位、个人共同举办企业的方式使用土地。在此前提下，各地可依法探索完善集体建设用地使用权入股、联营的管理方式。依据《中华人民共和国旅游法》规定和各省（自治区、直辖市）制定的管理办法，乡村居民可以利用自有住宅或者其他条件依法从事旅游经营。对于符合国家产业政策的特色小镇用地，可以通过集体经营建设用地入股、联营等方式开发利用。

特色小镇 PPP 项目的用地政策

特色小镇 PPP 项目的用地是 PPP 项目推广过程中的重点问题，也是难点问题。研究发现，我国实行项目建设用地竞争出让环节与社会资本方采购环节可以合并实施的政策：财政部《关于联合公布第三批政府和社会资本合作示范项目》（财金〔2016〕91 号）提出："依法需要以招标拍卖挂牌方式供应土地使用权的宗地或地块，在市、县国土资源主管部门编制供地方案、签订宗地出让（出租）合同、开展用地供后监管的前提下，可将通过竞争方式确定项目投资方和用地者的环节合并实施。"国家发展改革委《传统基础设施领域实施政府和社会资本合作项目工作导则》（发改投资〔2016〕2231 号）指出，"各地要积极创造条件，采用多种方式保障 PPP 项目建设用地。如果项目建设用地涉及土地招拍挂，鼓励相关工作与社会资本方招标、评标等工作同时开展"。国土资源部《产业用地政策实施工作指引》（国土资厅发〔2016〕38 号）明确，"采用政府和社会资本合作方式实施项目建设时，相关用地需要有偿使用的，可将通过竞争方式确定项目投资主体和用地者的环节合并实施”。

通过PPP模式操作特色小镇项目，一方面简化了项目申请报批的流程，另一方面也打消了社会资本投资特色小镇项目能否取得项目用地的疑虑，增强了社会资本的信心，也加快了我国PPP模式和特色小镇推广的进程。

特色小镇用地方案

特色小镇的核心就是一个“特”字：特色产业、特色区位、特色建筑、特色文旅游、特色风貌、特色项目……特色小镇不是空中楼阁，更不是纸上谈兵，规划描绘得再好，也需要落地，需要实实在在的建设，这就涉及特色小镇所需建设用地的问题。不同的特色小镇需要不同的用地，需要研究所需各类建设用地的解决方案。

由于特色小镇用地管理涉及的法律法规和政策较多，且同一个问题的相关规定往往散见于不同的法规和政策文件中，需要对这些法律法规和政策集中梳理，同时结合项目的性质、特点和用地需求，提出特色小镇用地解决方案。梳理发现，目前我国有30余种用地解决方案可供特色小镇使用（见表3-1）。

表 3-1　特色小镇用地解决方案

方案	用地性质	用地使用方案
1	使用存量国有建设用地	1. 批准使用。市政道路、公园、绿地、广场等属于公共用地，办理批准使用手续，可以发建设用地批准书，但不用划拨决定书或出让合同。这些类型的用地在登记时只登记不发证，需要注意的是区分建设单位、管理单位与土地使用权人的不同。 2. 国有土地划拨，即行政方式。 3. 国有土地使用权出让。 4. 国有土地租赁。 5. 国有土地使用权作价出资或入股。（除批准使用和划拨外，其他三种方式是有偿使用。其中，出让和国有土地租赁的具体配置方式包括协议、招标、拍卖和挂牌四种，作价出资或入股因有明确的使用者，只能通过协议方式配置。）
2	圈内农用地办理转用、征收手续后依法提供给具体项目	土地利用总体规划所确定的城市村镇建设用地，被称为"圈内用地"。为实施规划，需要占用圈内用地，涉及农用地的，应当办理农用地转用审批手续；涉及集体所有土地的，应当办理土地征收审批手续。在已批准的农用地转用范围内，具体建设项目用地由市、县人民政府批准，由市、县国土资源部门依法供应。
3	圈外单独选址建设项目用地	能源、交通、水利、矿山、军事设施等建设项目确需圈外土地的，经批准可以在圈外单独选址建设。涉及农用地的，应当办理农用地转用审批手续；涉及集体所有土地的，应当办理土地征收审批手续；土地供应方案在办理农用地转用和土地征收时一并批准。
4	使用国有农用地	建设需要使用国有农用地的，应当在办理农用地转用审批手续转为国有建设用地后，依法办理供应手续，不用办理征收手续。

续表

方案	用地性质	用地使用方案
5	直接使用集体建设用地	1. 乡镇村公益事业、公共设施用地。 2. 村民住宅。 3. 集体经济组织兴办企业或者与其他单位、个人以土地使用权入股、联营等形式共同举办企业的。 4. 以集体经济组织为主体开发建设公租房、乡村休闲旅游养老等产业，或者以集体建设用地使用权作价出资入股、联营与其他企业合作开发此类产业的。 5. 在 33 个农村“三块地”改革试点*，集体建设用地使用权可以出让、租赁、作价出资或入股，用于商品住宅以外的经营性项目。 6. 返乡下乡创业人员，可依托自有和闲置农房院落发展农家乐；也可通过租赁农房或与拥有合法宅基地、农房的当地农户合作改建自住房。
6	使用国有未利用地	建设项目可以使用土地利用总体规划确定的国有未利用地，不需修改规划，也不用办理转用和征收手续，直接批准用地。
7	使用集体未利用地	可以参照方案 5，直接作为集体建设用地使用。而国家建设项目使用集体未利用地的，应当办理土地征收审批手续后依法供地；不需要办理农用地转用手续，不需要用地计划指标，不缴纳新增费和耕地开垦费。
8	使用设施农用地	1. 设施农用地指的是设施农业项目区域内直接用于经营性养殖的畜禽舍、工厂化作物栽培或水产养殖的生产设施用地、附属设施用地和配套设施用地，农村宅基地以外的晾晒场等农业设施用地。 2. 设施农业项目不同于一般的建设项目，其用地也不同于一般建设项目用地，符合要求的设施农用地不属于建设用地，而是按农用地进行管理，不需办理农用地转用审批手续，不作为新增建设用地管理。要留意附属设施和配套设施用地有一定比例限制。

续表

方案	用地性质	用地使用方案
		3. 设施农用地不包括以下用地：经营性粮食存储、加工和农机农资存放、维修场所；以农业为依托的休闲观光度假场所、各类庄园、酒庄、农家乐；各类农业园区中涉及建设永久性餐饮、住宿、会议、大型停车场、工厂化农产品加工、展销等用地。
9	结合土地整治、村庄整治安排用地	土地整治是对项目区内田、水、路、林、村等的综合整治和统一安排，必然涉及项目区内各类用地的重新布局、安排和产权调整。各地应依据经批准的土地整治实施规划，相应调整项目区内各类用地产权和地类，直接为项目区内原用地单位整治后的用地办理相应用地手续，不再办理农用地转用审批手续，也不占用指标。安排原用地者用地后的剩余部分，应当依法办理供地手续。
10	其他	1. 使用增减挂钩项目建新区用地的，视同建设用地。 2. 农业项目使用国有农用地，有承包经营、承包经营权流转、由农场职工按要求耕种等方式。 3. 农业项目使用集体农用地，有承包经营、承包经营权流转、四荒地（荒山、荒沟、荒丘、荒滩）拍卖、由原农户按要求种植等方式。 4. 使用四荒地等未利用地的，有承包经营、四荒地拍卖、流转等方式，使用年限最长 50 年，使用方向包括开荒造林、治沙改土以及休闲农业、设施农业等，用于非农业建设需要审批。 5. 农村三项建设使用圈内农用地的，应当先行办理农用地转用手续，转为集体建设用地后，再由县市人民政府批准使用。 6. 符合条件的农村道路用地和农田水利设施用地属于农用地，不属于建设用地，不办理农用地转用手续，不占建设用地指标。 7. 地质灾害治理工程用地，按照地质灾害治理项目办理项目审批手续，不办理征收、转用手续，不占用指标，但应当足额安置补偿。

续表

方案	用地性质	用地使用方案
		8. 根据项目具体需求不同，还有填海造地、临时用地、先行用地、一般采矿用地、石油天然气钻采及配套用地、闲置地处置与利用、工矿废弃地利用或复垦置、低效地再开发利用、管线用地（需设置地役权）、低丘缓坡用地、光伏用地、新产业新业态用地以及农村党建、医疗、图书、体育等配套用地等用地解决方案可供选择。 9. 通过市场解决项目用地，如以转让方式取得土地使用权；以股权转让方式取得目标公司控制权，进而实现利用目标土地的目的；以合作开发方式利用目标土地；原有建设用地依法改变用途等土地使用条件或办理出让、租赁等有偿用地手续后，用作发展项目用地。

* 注：2015 年 2 月全国人大常委会通过决定，授权国务院在北京市大兴区等 33 个试点县市区行政区域暂时调整实施有关法律规定。试点县市区暂停实施土地管理法、城市房地产管理法的 6 个条款，按照重大改革于法有据的原则推进农村“三块地”改革试点，即农村土地征收、集体经营性建设用地入市、宅基地制度改革试点。2017 年 11 月，十二届全国人大常委会第三十次会议通过决定，北京市大兴区等 33 个农村土地制度改革试点期限延长一年至 2018 年 12 月 31 日。

资料来源：岳晓武．特色小镇用地，哪些用地方案可选？［N］．中国国土资源报，2017-09-01（5）．

“特色”的核心是差异化发展

“一千个人眼里有一千个哈姆雷特”。对于特色小镇，不同的人有不同的看法和理解，虽然谈不上大相径庭，但在有的地方也相差甚远。特色小镇之所以被称为“特色小镇”，最核心、最关键的还是在于“特色”二字。对于“特色”，权威观点认为，应该是从这块地方上长出来的，而不是具有小资情调的投资者、设计师或者政府通过政策恩赐的。特色小镇的特质在于“特色”，其魅力在于“特色”，生命力也在于“特色”。因此，保持小镇的鲜明“特色”是打造特色小镇的首要原则。

突出特色，核心是实现差异化发展

调研发现，我国小城镇发展以往存在的一个突出问题就是复制和山寨，采取这种做法的人堂而皇之地称之为“拿来主义”，认为既避免了风险，又可以实现快速扩张。更有甚者，将国外的一些经典建筑“拿”过来，比如法国的埃菲尔铁塔、意大利的古罗马角斗场、美国的自由女神像等，弄得外国人也十分惊诧，佩服我们有些小城镇的复制能力。殊不知，复制、山寨的结果就是“千镇一面”，毫无新意，当然也没有竞争力。这样的小城镇就是建一百个、一千个也没有多大意义，只能是自娱自乐，浪费大量的财力和物力。之前在全国各地一窝蜂建起来的主题公园就是由于千篇一律，一味模仿复制，缺乏新意，时间一长吸引不了消费者的兴趣，大多数都处于勉强维持甚至亏损状态，这无疑为当下我国重点推广的特色小镇建设敲响了警钟。[1] 所以，在特色小镇的建设上切忌千篇一律。如果各个小镇的产业、功能、布局都差不多，没有差异化，就构不成特点，形成不了核心竞争力，当然也无法具有持久的活力。2016 年 10 月，国家发展改革委发布《关于加快美丽特色小（城）镇建设的指导意见》（发改规划〔2016〕2125 号），强调建设特色小镇应建立在以产业为依托的基础上，从实际出发，防止照搬照抄。

因地制宜，遵循规律

我国幅员辽阔，各地经济社会状况千差万别，尤其是东西部地区发展不平衡，各具当地的特色和优势。鉴于此，各地要建设特色小镇，就必须从本地实际经济和产业情况出发，因地制宜，突出特色、突出特点、按部就班，破解“千镇一面”的发展困境。[2] 以浙江省为例，在浙江省

---

❶ 据国家旅游局资源开发司统计，1989 年全国人造景观只有 30 余处，可是经过 20 余年的发展，全国已有主题公园超过 2 500 个。长三角地区几乎每个一二线城市都拥有一个或多个主题公园。不过，主题公园经营状况不佳，其中 70% 处于亏损状态，20% 持平，只有 10% 左右盈利，因经营不善纷纷倒闭的主题公园屡见不鲜。

❷ 以四川省为例。四川省地域辽阔，有 2 000 多个行政建制镇，广泛分布于平原、河谷、丘陵、山地、高原，这些地方经济社会发展条件差异很大。四川省在“百镇建设行动”中，根据各镇产业优势、人口集聚、人居环境、空间布局、地域风貌的不同情况，按照宜工则工、宜旅则旅、宜商则商的原则做规划，使每个镇都有鲜明的特色，定位最佳的发展方向和路径，从而破解“千镇一面”的发展困境。

特色小镇的首批名单中，产业广泛分布于战略新兴产业和历史经典产业，具体包括：信息经济产业 5 个，健康产业 2 个，时尚产业 5 个，旅游产业 8 个，金融产业 4 个，高端装备制造 6 个，历史经典产业 7 个。根据规划，未来三年里浙江将重点培育 100 个特色小镇，在产业上聚焦信息、环保、健康、旅游、时尚、金融、高端装备制造等七大产业，兼顾茶叶、丝绸、黄酒、中药、青瓷、木雕、根雕、石雕、文房等历史经典产业。

《浙江省军民融合产业发展“十三五”规划》指出，要谋划创建一批新兴的省级特色小镇，结合浙江省特色小镇建设，挖掘潜力，以航空航天、船舶工业、核电关联、信息经济、节能环保等产业领域为重点，鼓励德清航空智造小镇、横店航空小镇、台州无人机小镇等创建省级特色小镇。而《浙江省航空产业“十三五”发展规划》指出，发展目标为初步形成航空制造与航空服务相联动的产业格局，形成年交付大飞机 100 架，年产通用飞机 500 架、大中型无人机 1 000 架以上的能力，实现航空制造业产值达到 1 000 亿元，通航运营服务业营业收入突破 100 亿元；重点建设建德航空小镇、平湖九龙山空空运动小镇、萧山空港小镇、德清通航智造小镇、安吉通航小镇、台州无人机航空小镇、新昌万丰航空小镇、横店航空小镇、宁波滨海航空小镇、绍兴滨海航空小镇等十个左右的航空特色小镇。

下面以浙江台州无人机航空小镇为例加以说明（见案例 3-1）。

【案例 3-1】

浙江台州无人机航空小镇

浙江台州无人机航空小镇（以下简称“台州项目”）位于台州湾集聚区东部新区，月湖绿岛的南侧，与月湖遥相呼应。其范围东起台州湾大道，西至聚贤路，南起青龙浦河及青龙浦路，北至蓬北大道及海纳路，规划面积 4.5 平方公里（其中核心区范围 1.2 平方公里），建成后无人机产业年主营收入超 200 亿元，年旅游接待人数超 30 万人次，着力打造台州千亿通用航空产业集群。

台州湾集聚区重点围绕建设省级无人机航空小镇，实施“1311 工程”，即 1 条跑道和空域、3 架飞机（中航、北航、飞虎雄鹰）、1 家国家级无人机检测中心、1 场国际飞来者大会。

台州项目规划目标为通过三年的努力，建成集高端制造、技术研发、文化教育、会展旅游、创新孵化和综合运营等于一体的新型特色小镇，打造成台州的“航空航天”名片，提升台州在全国乃至世界的知名度。规划建成以无人机为核心的生态产业经济圈，主要包括智造研发区、国际航展区、教育培训区和航空生活区四大板块，是台州市规划建设的首个以无人机、通用航空为主题的特色小镇。

台州项目三大核心特色为：无人机 + 特色产业、无人机 + 文化旅游、无人机 + 特色社区。

再以山东临沂莒南县通用机场及通航旅游小镇为例。除建设通用机场外，还规划打造航空产业小镇，项目计划总投资30亿元，项目包括机场和航空产业小镇，提供旅游观光、空中表演、航空培训等旅游新业态服务。此外，莒南县还与青岛猎鹰通航旅游开发管理有限公司签订了中国天湖飞行乐园暨飞行小镇项目合作协议[1]，总投资11亿元。

打造特色小镇品牌

经济社会，产品品牌的重要性不言而喻。同样，对特色小镇而言，其品牌的重要性从某种程度上不亚于特色小镇的特色产业本身。无论是对战略新兴产业类特色小镇，还是对历史经典类特色小镇，在运营过程中都需要重点打造小镇品牌，其直接的好处体现在三个方面：一是聚拢人气，提高小镇的知名度，增加小镇的消费，提高小镇的收入，加快投资回收速度；二是带动项目所在地相关产业尤其是旅游业（吃、住、行、游、购、娱）的发展；三是提高本地基础设施（道路、网络等）的建设

[1] 根据协议，双方将合作规划建设飞行观光、休闲娱乐、宿营、水上娱乐、综合服务等五大功能区，主要建设游客服务中心、停车场、体育类草坪飞行道、露天航空展览展示区域、机库、飞行基地防护等基础设施，着力打造中国首家航空飞行及观光旅游于一体的低空飞行项目景区。

水平和第三产业服务水平。

据介绍，从国外的小城镇发展经验来看，国外小镇建设大多定位于个性化发展，往往一所大学就是一个小镇，一家跨国公司就是一个小镇，一个文化品牌就是一个小镇。在我国特色小镇的发源地浙江，诞生了众多的区域品牌，如桐庐被称为“中国制笔之乡”、永康被称为“五金之都”、浦江被称为“中国水晶玻璃之都”，温州则赢得了“中国鞋都”、“中国锁都”和“中国印刷城”等美誉[1]。

调研发现，目前国内有许多省份在推广特色小镇建设的过程中都强调品牌的重要性。以江苏省为例，《关于培育创建江苏特色小镇的实施方案》指出，在综合效益方面，特色小镇以集聚高端要素为核心，吸引一批“国千省千”人才、大企业高管、工艺大师、科技人员和其他创新创业人才；集聚一批特色产业内的骨干龙头企业、中小企业、工商户、创投企业和创业孵化器等创新创业载体；促进互联网和特色产业深度融合发展，形成一批新技术、新产业、新业态和新机制，建成一批有影响力的产业科技创新中心、有国际竞争力的先进制造业基地、有较高知名

---

[1] 时至今日，温州地区已经形成具有明显区域特征的十大产业：塑料制品业、打火机制造业、眼镜业、民用灯具业、阀门产业、汽摩配件业、纽扣业、印刷业、医药化工和精细化工业等。

度的特色产业和自主品牌；体现生态优先、绿色发展理念，基本实现绿色低碳循环发展。广东省首批“互联网 +”小镇遴选出 10 家创建小镇和 8 家培育小镇。其中，珠海唐家湾入选为省首批“互联网 +”创建小镇，小镇建设目标是培育 2 ~ 3 家在全国具有较强竞争力的互联网龙头企业，形成 2 ~ 3 个特色鲜明、比较优势突出的互联网产业生态圈，成功打造 3 ~ 5 个在全国具有一定影响力的互联网应用创新品牌，力争到 2018 年将唐家湾小镇打造成移动互联网产业年产值超 500 亿元的特色小镇。

交通和科技智能是打造新兴产业小镇的关键

一个地方要打造新兴产业小镇，必须具备几个基本条件。

小镇位于经济发展程度较高的区域

顾名思义，新兴产业特色小镇的核心产业是“新兴产业”。新兴产业，是指随着新的科研成果和新兴技术的发明，应用而出现的新的部门和行业。目前所讲的新兴产业主要是指电子、信息、生物、新材料、新能源、海洋、空间等新技术的发展而产生和发展起来的一系列新兴产业部门。正因为是“新兴产业”，所以对项目当地经济发展程度要求较高，比如专业化的配套产业集群、信息经济发达、技术积累雄厚、民间资本充裕，而且创业创新的氛围浓厚等。只有这样，才能为当地打造以新兴产业为特色的小镇奠定坚实的基础。如浙江具有独特的地理区位和产业基础，其位于长三角经济重镇，民营经济发达，民间资本雄厚，有着创业创新的传统，因此形成了与众不同的块状经济。正是有这些优越的条件，才造就了浙江在新兴产业特色小镇建设方面领跑全国。

小镇以科技智能等新兴产业为主，科技和互联网产业尤其突出

新兴产业的一个突出特点是新的科研成果、新的技术发明，当下较为突出的则是科技智能和互联网。因此，要打造新兴产业小镇，需以科技智能和互联网为重点。如浙江余杭梦想小镇、杭州西湖云栖小镇、临安云制造小镇、上虞 e 游小镇、德清地理信息小镇、余杭传感小镇。此外，还有上海枫泾科创小镇、海南福山互联网农业小镇、四川成都菁蓉创客小镇，等等。

下面以杭州西湖云栖小镇为例加以说明（见案例 3–2）。

【案例 3-2】

杭州西湖云栖小镇

云栖竹径，新西湖十景之九。早在清代雍正时，“云栖梵径”就被列入了当时的“西湖十八景”。云栖竹径景观是指云栖坞里林木茂盛的山坞景观：深山古寺，竹径磬声。云栖坞，翠竹成荫，溪流叮咚，清凉无比。小径蜿蜒深入，潺潺清溪依径而下，娇婉动听的鸟声自林中传出，环境幽静清凉。云栖坞位于五云山南麓，相传五云山顶飘来的五色云彩，常常飞集坞中，经久不散，坞因而得名。如今，云径深处正孕育催生着新的产业和城市生态，伴随着信息网络技术的发展，“云栖小镇”悄然出世。

那么，“云栖小镇”到底是个什么概念，有着怎样的核心产业，又如何成为特色小镇的典范？就让我们随着云栖的悠悠“竹径”慢慢探索——

为深入发展信息经济和智慧经济，杭州西湖区以转塘科技经济园区为核心，携手阿里云打造全国首个云计算产业生态小镇即“云栖小镇”，这是一个以云计算产业为核心、以大数据和智能硬件产业为主导产业、以相关项目为载体、生产生活生态相融合的特定区域。2014 年 8 月，启动“杭州市云栖小镇概念规划”编制；2015 年 6 月，云栖小镇列入浙江省首批省级特色小镇创建名单。

云栖小镇位于杭州市西湖区之江新城的中部，东北离湖滨商圈约15公里。规划范围以现有转塘科技经济园区[1]为基础，用地面积为4.38平方公里，长远范围东西两侧用地面积向外拓展至9平方公里。

云栖小镇提出了“四地”的目标，即在“5年内拟集聚云计算平台上的游戏、电商、金融、APP开发、智能硬件等各个应用领域的数千家企业和团队，实现云计算相关产值超过200亿元，税收10亿元，成为创业创新的圣地、创新人才集聚的高地、科技人文的传承地、云计算大数据科技的发源地”。这四个“地”——圣地、高地、传承地、发源地，也是很高的要求和目标。

仅仅两三年，云栖小镇建设取得了丰硕的成果：全球首个单集群规模达到5 000台服务器的通用计算平台“飞天5K基地”落成，它不仅维系着淘宝网、天猫等庞大网络后台的交易数据，同时也服务着淳安、丽水等地“智慧政务”的公共数据；依靠大企业大项目的引领，云计算、大数据、电商等一大批创新型产业加速集聚。在浙江全国试点的“5G车联网”项目是工信部与省政府合作推动的关于智能驾驶全国唯一的试点项目。由浙江省财政厅与阿里巴巴集团合作的“政采云”项目，将打造成国内最大的政府采购云平台。阿里巴巴与富士康

[1] 规划范围内的转塘科技经济园区原是一个传统产业发展平台，2011年开始接触云计算产业。至规划编制之初，园区已建设有杭州云计算产业园、阿里云计算创业创新基地两个涉“云”平台，引进阿里云计算、华通云、威锋网、云商基金等涉“云”企业近100家。2013年10月召开第一届云计算产业行业盛会——“阿里云开发者大会”（现更名为“云栖大会”）。云计算产业发展已取得较好的先发优势。

的高性能芯片联合实验室顺利运行。天宫产业基地加快入驻，洛可可设计、泰然云等重要产业项目也已入驻。目前，云栖小镇已引进涉云企业 321 家，产业覆盖云计算、大数据、APP 开发、游戏、互联网金融等各个领域，已初步形成较为完善的云计算产业生态；“云栖大会”连续举办 6 届，从几年前仅有数百人参会的规模到 2015 年 2 万多个参会名额在网上被创业者们一抢而空，还有不少参会者是从美国、印度、以色列等国赶来的。除现场外，还有 127 万人次通过网络直播观看了大会实况。

此外，小镇不断完善生活配套，营造良好的宜居宜业环境。如总面积 1.2 万平方米的方家畈工程师社区，钱江 BLOCK 项目 127 套房已改造成青年公寓；餐饮方面，引进了迈志豪、全家便利店、宝岛金点面包房、咖啡馆等；交通方面，开通了 8 条班车和 4 条公交线路。

云栖小镇正努力建设成为浙江特色小镇建设的示范镇、中国创业创新第一镇，探索出一条产业、文化、旅游、社区功能融合发展，体制机制灵活的新型城镇化建设之路。

“文化 + 特色小镇”融合发展

特色小镇是具有明确产业定位、文化内涵、旅游和一定社区功能的发展平台。在特色小镇建设中塑造文化灵魂，树立文化标识，留下文化印象，是文化作为特色小镇内核的必然要求。

文化是特色小镇的功能之一

文化的概念非常大，就特色小镇的文化而言，主要是基于小镇本身的、历经百年甚至千年积淀下来的历史民俗、文化风貌。一个优秀的特色小镇不仅仅体现在特色产业，也不仅仅体现在建筑风格和街区环境，还要有基于小镇的深厚的历史文化。调研发现，与寻找具有地方特色和经济发展潜力的产业相比，挖掘传统文化、提升产业含金量并与产业有机融合发展难度更大。

文化不可复制

文化是不可复制的，只有符合当地的经典的文化才能匹配特色小镇。以乌镇为例，当乌镇拥有“乌镇戏剧节”“世界互联网大会”这样国际水准属地标签明确的大会之后，乌镇也就成了不可复制的标杆。

特色小镇文化定调

一个特色小镇应该具有怎样的文化？或者说一个特色小镇的文化内

涵应该是怎样的？对于这些现实的问题，行业有不同的看法。之所以看法不一，主要有两个方面的原因：一是特色小镇类型较多，既有如乌镇这样“小桥流水人家”美到心灵的水墨画般的江南文旅小镇，又有油烟扑鼻、人声鼎沸、大口吃肉、大碗喝酒如袁家村这样典型的关中特色小镇；既有如玉皇山南这样环境幽静、人人西装革履、商业氛围浓郁的基金小镇，也有如萧山这样马达轰鸣、热闹非凡的空港小镇……不同类型的小镇，自然需要不同的文化匹配。二是文化不像产业、景点、社区那样看得见摸得着，是一种潜移默化的东西，更多的时候需要借助不同的载体来体现，如古老的戏剧、现代声光电的效果运用等。

调研发现，关于特色小镇的文化，目前存在较大争议的是，到底是需要雅文化还是俗文化？所谓雅文化，即以“高雅、典雅、幽雅、儒雅”为显著特点的文化，也就是说，雅文化是高山流水、阳春白雪的文化。那么俗文化呢？当然是通俗的、大众化的文化，也就是人们日常生活中常见的文化。这里需要指出的是，有人错误地将俗文化理论解恶俗的、低级趣味的文化，认为这样的文化是不能够登特色小镇大雅之堂的。

严格来说，雅文化和俗文化二者都属于文化，只不过前者体现在精神层面，更注重内心情感的表达和内心的感悟，而后者体现在物质层面，更注重外在的表达。总之，雅文化也好，俗文化也罢，都需要与不同的特色小镇类型进行匹配，与特色小镇产业进行融合，这样才能促进特色小镇持续、健康地发展，反过来，也有利于文化本身的表达和传承。

文化、产业、旅游“跨界融合”

特色小镇兼具产业、人文、旅游、社区等多重功能，因此，必须实现前述功能的融合，特色小镇才能成为一个整体，达到无缝链接，实现高度融合，产生巨大的合力。相反，在许多传统的普通小镇，产业、旅游等是割裂的，根本没有形成合力，浪费了许多宝贵的资源。以文化与产业融合为例，按照住房和城乡建设部等联合发布的《特色小镇培育通知》精神，应该做到：彰显特色的传统文化，传统文化得到充分挖掘、整理、记录，历史文化遗存得到良好保护和利用，非物质文化遗产活态传承；形成独特的文化标识，与产业融合发展。优秀传统文化在经济发展和社会管理中得到充分弘扬；公共文化传播方式方法丰富有效；居民思想道德和文化素质较高。

推动“文化＋特色小镇”融合发展

特色小镇与普通的行政建制镇、产业园区相比，无论是从建设要求、目的还是作用来看，都有着显著的区别。因此，在特色小镇的打造上，要讲求融合共赢。如果把文化作为产业发展的内生动力，特色小镇生产、生活、生态“三生融合”以及宜居、宜业、宜游的目标更容易变成现实。

推进特色小镇文化建设，要着力推动“文化＋特色小镇”融合发展，这样有利于强化特色小镇的文化功能、融入特色小镇的文化元素、提升特色小镇的文化品质，实现文化让特色小镇更加美好、特色小镇让文化更具魅力的双重目标。

探路：浙江《特色小镇评定规范》出炉

2018 年 1 月，我国特色小镇的发源地浙江在特色小镇推广方面又迈出一大步：发布了我国首个“特色小镇”评定地方标准——《特色小镇评定规范》（浙江省地方标准 DB33/T　2089—2017）。业内评价称标准的发布堪称特色小镇发展的里程碑事件。具体内容方面，《特色小镇评定规范》围绕以居民为主体、以特色产业为核心的“非镇非区”、产城融合的特色小镇建设，突出特色个性，注重分类评价；突出产业核心，注重经济培育；突出质量示范，注重高端引领；突出改革创新，注重市场主体；突出科学操作，注重标准规范。《特色小镇评定规范》提出了特色小镇“1+8”的评定指标体系，由共性指标和特色指标构成：在明确特色小镇功能“聚而合”、形态“小而美”、体制“新而活”的共性要求基础上，针对信息经济、环保、健康、时尚、旅游、金融、高端装备制造和历史经典 8 类特色小镇产业特点分别设置三级特色指标，充分尊重不同特色小镇的独特个性，使之形成具有相对普遍指导意义的特色小镇建设发展模式。

浙江特色小镇通过三年的培育创建，已成为“着眼供给侧培育小镇经济”的新实践、加快产业优化升级的新载体，成为体制创新、产城融合发展的“浙江样板”。《特色小镇评定规范》的发布实施，将为浙江省特色小镇评定提供科学、规范、可操作的指标要求，为特色小镇创建和验收提供有效指引和主要依据，为形成标准化考核评价长效机制，持续提升特色小镇建设成效，优化新时代浙江生产力谋篇布局提供有力支撑。

同时，《特色小镇评定规范》也对我国特色小镇的推广进行了科学的探索，为其他地方的特色小镇建设提供了有益的参考借鉴。

《特色小镇评定规范》的具体内容见附录。

附录

特色小镇评定规范

1. 范围

本标准规定了特色小镇的术语和定义、总则、评定对象、评定程序、评定内容及指标体系、评定方法等内容。

本标准适用于信息经济、环保、健康、时尚、旅游、金融、高端装备制造和历史经典等八类产业省级特色小镇的评定。

2. 规范性引用文件

下列文件对于本文件的应用是必不可少的。凡是注日期的引用文件，仅所注日期的版本适用于本文件。凡是不注日期的引用文件，其最新版本（包括所有的修改单）适用于本文件。

GB/T 17775 旅游区（点）质量等级的划分与评定

3. 术语和定义

3.1 特色小镇

具有明确产业定位、文化内涵、旅游业态和一定社区功能的创新创业发展平台，相对独立于城市和乡镇建成区中心，原则上布局在城乡接合部。规划面积一般控制在3平方公里左右，建设面积一般控制在1平方公里左右。

3.2 小镇客厅

具有展示特色小镇基本情况，提供创业服务、商务商贸、文化展示、旅游集散等综合功能的公共开放场馆。

4. 总则

突出特色个性，注重分类评价。

突出产业核心，注重经济培育。

突出质量示范，注重高端引领。

突出改革创新，注重市场主体。

突出科学操作，注重标准规范。

5. 评定对象

符合以下条件的省级特色小镇创建对象可申请评定：

——创建时间3年以上；

——信息经济、旅游、金融、历史经典等4类产业特色小镇，完成总投资30亿元；环保、健康、时尚、高端装备制造等4类产业特色小镇，完成总投资50亿元；以上投资均不含商品住宅和商业综合体项目投资；

——特色产业投资占比达 70% 及以上；

——按照 GB/T 17775 的评定要求，旅游产业特色小镇通过 4A 级景区评定，其他产业特色小镇通过 3A 级景区评定或 4A 级景区景观资源评估；

——规划建设目标基本完成，在社会上有较大的知名度，在行业内有一定的公认度。

6. 评定程序

6.1 自评上报

申请评定对象根据本标准的要求，开展特色小镇自评工作，由所在县（市、区）人民政府向省特色小镇规划建设工作联席会议办公室行文，提交评定申请和所在设区市主管部门的初验报告。

6.2 组织评定

6.2.1 省特色小镇规划建设工作联席会议办公室建立特色小镇评定专家库，每次评定时，从专家库中抽取 7 ~ 9 名专家组成专家团，并报相关职能部门备案。其中，规划专家 1 ~ 2 名，相关产业专家 2 ~ 3 名，主管部门专家 2 ~ 3 名，科研机构专家 1 ~ 2 名，旅游行业专家 1 名，其他专家 1 ~ 2 名。

6.2.2 省特色小镇规划建设工作联席会议办公室委托第三方机构开

展申报数据的审核，并组织专家团队开展实地踏勘，综合评分后，形成评定报告。首次评定未通过的特色小镇，一年内可申请一次复评。

7. 评定内容及指标体系

7.1 共性指标

由功能“聚而合”、形态“小而美”、体制“新而活”等3个一级指标构成，总分400分。功能“聚而合”为200分，由社区功能、旅游功能、文化功能3个二级指标、6个三级指标构成；形态“小而美”指标为100分，由生态建设、形象魅力2个二级指标、5个三级指标构成；体制“新而活”为100分，由政府引导、企业主体、市场运作3个二级指标、6个三级指标构成。

7.2 特色指标

由产业“特而强”和开放性创新特色工作2个一级指标构成，总分600分。产业“特而强”为550分，指标根据信息经济、环保、健康、时尚、旅游、金融、高端装备制造和历史经典等八类特色小镇的产业特征，设置不同分值、不同评定内容的具体指标；开放性创新特色工作为50分，不设具体的评定内容，由申请评定的特色小镇自主申报最具特色和亮点的建设成效。

8. 评定方法

8.1 共性指标的评定

评定的具体内容、评分要求及获取数据的来源。

8.2 特色指标的评定

信息经济、环保、健康、时尚、旅游、金融、高端装备制造和历史经典等八类特色小镇产业“特而强”指标评定的具体内容、评分要求及获取数据的来源。各类特色小镇开放性创新特色工作评定的具体内容、评分要求及获取数据的来源。

8.3 评定结果

将共性指标和特色指标的评定得分汇总，800分以上的特色小镇创建对象通过评定。

运营实务篇

04

文旅小镇

2016年以来，随着国家和各地方政府陆续发布支持特色小镇建设的政策文件，再加上旅游度假消费转型升级，特色小镇尤其是文旅类的特色小镇建设风起云涌，特色小镇开发建设成为拉动地方经济增长、促进旅游度假产业发展的“金窝窝”。

选址、服务、资金：建设文旅小镇的前提

文旅小镇是特色小镇的一种，兼具产业、人文、旅游、社区等多项功能。与其他类型的特色小镇相比，文旅小镇的特色产业为“文旅”产业。因此，打造文旅小镇应重点突出“文旅”产业，围绕“文旅”产业做文章，构建生产、生活、生态“三生融合”的区域和宜居、宜业、宜游的小镇。

文旅小镇是目前我国出现较多的特色小镇。在住房和城乡建设部

2017年公布的403家国家级特色小镇中，有300家为文旅小镇，占比高达7成以上。

经过近几年的建设和实践，我国在文旅小镇建设方面也积累了一定的经验。

文旅小镇的选址

调研发现，关于文旅小镇的选址，部分地方政府和社会资本有一种较为激进的看法，认为只要有一定的文旅资源就可以上马文旅小镇，可以大张旗鼓地搞开发、建设。事实上，文旅小镇的选址有着较为苛刻的要求，并不是具备了一定的文旅资源就适合建文旅小镇。

文旅资源必须有特色

从大的方面讲，特色小镇“特”在产业（战略新兴产业和历史经典产业），而文旅小镇“特”在文旅产业，这就要求项目所在地的文化旅游资源具有显著的特色，是与众不同的，至少在方圆几百公里以内是独一无二的，否则就不具有特色。中华文明源远流长，留存下众多的历史古迹和风景名胜，有些景点在国际上都享有盛誉，这些景点独一无二，可以称之为“特”。但更多的则是具有本地特点的文旅资源，还有一些种植业景观资源，如油菜花、玫瑰花、桃花等。需要说明的是，不是说本地有油菜花、玫瑰花、桃花就够了，像这种资源在国内并不罕见，还需具有规模优势，具有影响力，以及下文所要阐述的交通、人气等条件。

所在区域必须有交通优势

交通条件往往是地方政府容易忽略的因素，比如，有的偏远山地的地方政府谈起本地的文旅资源来眉飞色舞，赞不绝口，认为借助本地的文旅资源一定可以建设文旅小镇，但问起项目所在地的交通情况却回答“酒香不怕巷子深”。这句古话没错，但分在什么时间什么地方用。过去物质匮乏，只要有好东西别人自然上门来购买，但现在不同了，各家的东西差别不大（除非是国家级甚至世界级的旅游景点，但这样的景点少之又少），你有什么理由让人上门来？严格来说，现在是“酒香也怕巷子深”的年代。退一步讲，即使你有特别独特的文旅资源，如果交通条件不好，游客也会三思而行。曾经有偏远山区油菜花种植面积很大，风景很美，但不具有交通优势，游客从附近的省城和地级城市到这里需要开车 3 个小时以上，来回就得 7 个小时，也就是说，游客看两三个小时的油菜花需要一天的时间。试想，这样的油菜花小镇能打造成功吗？

便捷的交通是保证特色小镇客流量和稳定现金流的重要条件。如国内某养生小镇因交通条件的限制，在协商未果的情况下，导致投资商撤资，小镇也从省级特色小镇创建对象降格为省级特色小镇培育对象。

旅游景区已经具备一定的知名度和人气

具备了特色文旅资源和交通优势，还有一个重要的方面是必须具有一定的知名度和人气。严格来说，文旅小镇最明显的特征之一便是知名度和人气。当然，这二者是相辅相成的，有了知名度不会缺少人气，而人气足了知名度也就有了。知名度和人气是保障文旅小镇持续健康发展的重要条件，这一点与其他的产业类特色小镇明显不同。产业类特色小镇尤其是科技类特色小镇以科技和研发为主，旅游功能偏弱，相反，如果旅游功能偏强，则不利于科技类特色小镇的发展。因为在一个闹哄哄的、成天有陌生人光临的环境里，科研人员是很难安心做研发，也很难有安全感的。相反，文旅小镇主要依靠知名度和人气拉升文旅产业，从而促进小镇的持续发展。

总之，在文旅小镇的选址方面，无论是地方政府还是社会资本都应该慎之又慎，不可贸然上马。资源特色、交通优势、知名度和人气这三个条件相互依赖，缺一不可。

文旅小镇运营服务体系

对于文旅小镇而言，运营的地位无论如何提高都不为过。可以说，运营是文旅小镇的“心脏”“引擎”“发动机”，是小镇持续健康发展的重要保障。

因此，建立完善的运营服务体系是文旅小镇建成后工作的重中之重。只有完善的、高层次的、高标准的、精细化的运营服务体系，才能满足游客的需求、增加游客的体验价值、提升游客的满意度，才能打造文旅小镇的核心竞争力。具体来说，文旅小镇需要根据不同的服务对象和需求，从硬件设施和软件服务两方面入手。硬件设施指的是建设完善的配套基础设施，如发达的交通网络、便捷的互联网信息系统、安全舒适的居住环境、干净整洁的就餐环境等；软件服务则是建立高标准的服务规范和制度，如良好的经营环境、热情周到的接待服务等。

下面以浙江乌镇的“乌镇管家”为例加以说明（见案例 4–1）。

【案例 4–1】

群防群治网络“乌镇管家”

围绕乌镇的平安“防火墙”，其实是一张巨大的群防群治网络，编织这张安全网的人叫“乌镇管家”。在乌镇，无论是世界互联网大会期间还是在平时，总有一群人头戴鸭舌帽，身穿红马甲，戴着写有自己名字的胸牌，穿梭在青砖白墙间。他们主要是在自己的“辖区”里巡查，看窨井盖是否损坏、电线杆是否倾倒、路面是否破损等。这群人的身份多元，既有退休的老人，也有出租车司机，还有快递小哥。“乌镇管家”的优势在于人熟、地熟、情况熟，能够做到“四清四报”，即人口清、户数清、物品清、问题清，报违法、报可疑、报隐患、报动向。据了解，“乌镇管家”组建至今人数已达 3 000 多名，按照“十户一员，十员一组”的标准，分布在镇区 81 个网格中。不仅如此，“乌镇管家”还有一样“神器”，即“乌镇管家”微信公众号，只要输入反映人、反映事项、图片录音等信息，这些情况就会上传到后台的联动中心。“乌镇管家”还与党员先锋站“嫁接”，通过“先锋站 + 管家站”“线下收集 + 线上传递”“集中受理 + 分级交办”等多种途径，让管家管事拥有阵地和平台，充分发挥民智民力，营造出了公共安全人人有责、人人尽责的氛围。

资金支持文旅小镇建设

目前我国文旅小镇发展正呈星火燎原之势。全国已有 220 多个文旅小镇项目完成规划，300 多个文旅小镇正在规划。业界专家预计，到 2020 年，我国将建成 1 000 个特色文旅小镇。为支持特色小镇的推广，国内多地设立旅游产业基金支持特色小镇建设。表 4–1 反映了 2016 年各省旅游产业基金的情况。

表 4-1　2016 年各省旅游产业基金表

基金名称	成立时间	成立规模
安徽省文化旅游产业基金	2016.1	30 亿元
北京民族旅游影视文化产业基金	2015.4	50 亿元，首期规模 10 亿元
贵州旅游创新产业发展基金	2014.10	100 亿元，首期规模 10 亿元
海南旅游产业投资基金	2015.9	150 亿元，首期规模 20 亿元
湖北省文化旅游产业发展基金	2015.12	100 亿元，首期规模 10 亿元
湖南文化旅游产业投资基金	2010.10	30 亿元，首期规模 9 亿元
吉林省旅游产业投资基金	2014.9	10 亿元，首期规模 5 亿元
江苏旅游产业基金	2013.9	3 亿元
江西省旅游产业基金	2015.11	400 亿元
江银（龙南）旅游产业发展基金	2016.3	20 亿元，首期规模 11 亿元
宁波旅游产业基金	2016.1	20 亿元，首期规模 3 亿元
山东海滨旅游发展基金	2015.10	20 亿元
山西普惠旅游产业基金	2016.2	45 亿元
陕西旅游产业投资基金	2015.12	50 亿元
韶关市旅游产业发展基金	2016.3	20 亿元，首期规模 5 亿元
四川旅游产业创新发展股权投资基金	2016.5	30 亿元
中国（四川）生态旅游产业基金	2015.6	100 亿元，首期规模 10 亿元
武陵山片区旅游产业投资基金	2014.3	300 亿元，首期规模 60 亿元

续表

基金名称	成立时间	成立规模
中航信托·天启 330 号云南城投旅游产业投资集合资金信托计划	2014.11	30 亿元
温州雁茹旅游产业基金	2015.8	10 亿元
平安九州文化旅游产业基金	2015.5	50 亿元
新疆伊犁旅游产业基金	2016.6	80 亿元
浙江全域旅游产业基金	2016.6	200 亿元

从“门票经济”向“旅游经济”转型

调研发现，很多人将旅游风景区与文旅小镇混为一谈，将二者等同起来。

旅游风景区，是指以旅游及其相关活动为主要功能或主要功能之一的区域场所，能够满足游客参观游览、休闲度假、康乐健身等旅游需求，具备相应的旅游设施并提供相应的旅游服务的独立管理区。旅游景点主要围绕着山、江、河、湖、海、寺、庙、博物馆、公园等。文旅小镇是特色小镇的一种，是围绕旅游产业打造的宜居、宜业、宜游的特色小镇。具体来说，旅游风景区与文旅小镇具有以下不同：

产业不同

旅游风景区的核心是"旅游"，即借助旅游景点和提供优质的旅游服务，吸引城市及世界各地的游客到旅游景区旅游。旅游风景区以"游"为核心，再附加一些吃、住、购的功能。而文旅小镇以"文旅产业"为核心产业，再提供吃、住、行、游、购、娱等一条龙服务。可以说，吃、住、行、游、购、娱是文旅小镇不可分割的组成部分。实践中，相当多的文旅小镇还建有高档酒店设施、养生养老机构等。

开发模式不同

旅游风景区大都是有山有水、生态良好、风景优美之地，有的旅游风景区在国内甚至世界上都有很高的知名度，因此在开发上相对比较简单，如增加游乐设施、体验设施。只要资金到位，专业的设备厂家就可以安装，比如现在很多旅游风景区为了吸引人气、增加收入，在人流量集中的地方安装在国内刚刚兴起的娱乐风洞设施，效果非常不错。至于开发模式，要么是旅游风景区自己投资建设安装，自己运营获利，要么是旅游风景区出租场地给专业的投资公司建设运营（有的知名旅游风景区设备厂家也愿意投资），要么是旅游风景区与专业投资公司共同成立项目公司投资建设和运营，总之，开发模式比较简单。

文旅小镇则不同，其开发模式更为复杂，前期需要一系列专业的策划（聘请策划公司）、规划（规划设计院），然后才根据具体的规划按次序开发。在具体的开发模式上，既有商业性的开发，也有社会资本与政府开展合作，以 PPP 模式开发。此外，文旅小镇功能远比旅游风景区多，因此投资规模更大、建设周期更长、建设难度更大。

盈利模式不同

对旅游风景区和文旅小镇而言，盈利模式都非常重要，这关系到二者的持续运营和发展壮大问题。

具体来说，旅游风景区与文旅小镇在盈利模式上有很大的不同。

旅游景区的短板：仍未摆脱“门票经济”

调研发现，目前我国不少旅游景区甚至很知名的旅游景区，虽然靠优美的自然风光和独特的旅游景点吸引了海内外的游客前来参观游览，但是也有着比较明显的短板，即盈利模式较为单一，主要是以收取门票为主，在“吃、住、行、购、娱”等方面做得不够，唯独以“游”见长，导致一种普遍的现象：“白天看景，晚上走人”。即使有的旅游景区在吃、住、行、购上做文章，“娱”的成分不够，也存在“白天看景，晚上数星星”的短板。也就是说，相当多的旅游景区仍然没有摆脱“门票经济”[1]的模式，这让旅游景区经营者很是苦恼。

据介绍，在我国许多著名的世界遗产地和国家重点风景名胜区，门票收入已成为最大、最直接的收益来源，门票收入占景区总经营收入的比例呈现出逐年上升的趋势。有些知名度较高、集世界遗产地和国家重点风景名胜区于一身的景区，门票收入占总收入的比例已经达到50%以上，个别的甚至高达90%以上。“门票经济”的弊端显而易见：一是加重旅游支出负担，迫使游客减少停留时间和吃、住、行、购、娱的支出消费[2]，破坏包括餐饮、住宿、购物等在内的“旅游经济”产业链的繁荣，致使当地旅游收入单一，难以促进本地旅游经济的发展；二是上行下效，促使门票泛滥，妨碍开放性休闲旅游发展；三是造成涨价乱象。旅游景区之所以频频涨价，一个重要的原因是旅游产品结构不合理、景区发展产业比较单一，从而对门票收入产生依赖。

单一的“门票经济”受到业内人士的诟病。事实上，旅游风景区不一定非要依赖“门票经济”。以杭州西湖为例，自2003年起，西湖景区环湖免费，10多年来经济效益和社会效益取得双丰收。据杭州市旅游

[1] 门票经济，是指旅游景区依靠门票收入而形成的经济。对国内绝大多数旅游景区来说，门票收入是其主要经济支柱。

[2] 中国旅游研究院与携程旅行网发布的一份报告显示，从国内游客看，门票支出占旅游消费最重的游客比例较大，达21.92%。

委统计，仅2017年“五一”小长假，西湖景区各公园景点迎来中外游客及市民累计184.02万人次，与2016年同比增长18.22%。其中，免费景点接待共计55.23万人次，最受游客欢迎的前三甲景点是新湖滨景区、白堤、苏堤。据介绍，“西湖免票后，不仅游客数量增加，游客停留的时间也延长了。每个游客在杭州多逗留24小时，杭州的年旅游综合收入便会增加100亿元”。

如何延长游客的逗留时间，如何提高游客在旅游景区的参与度，如何提高游客的“获得感”（即感觉不虚此行，还想多来）？也就是说，如何让远道而来的游客“留下来”，吃得好、住得舒服、行得安全、游得舒心、购得值、娱得独特，等等，是摆在众多旅游风景区面前的现实难题。

文旅小镇盈利模式多元

研究发现，相比旅游风景区单一的“门票经济”，文旅小镇虽然也是以文化和旅游为核心产业，但其具有旅游景区无可比拟的优势：相比旅游风景区较为单一的“旅游”功能，文旅小镇的功能“聚而合”，具有产业功能、文旅功能、社区功能等。正因为有“聚而合”的功能，文旅小镇具备了“吃、住、行、游、购、娱”等多项功能，而这也正是现代旅游所需要的几大核心元素。

正是因为文旅小镇功能“聚而合”，旅游产品结构更加丰富和科学，小镇收益多元化：餐饮、住宿、旅游、购物以及娱乐活动等，拉长了游客的驻留时间，打破了旅游的空间寂静，既优化了文化与旅游产业结构，又快速形成新的经济增长点，从而摆脱对“门票经济”的依赖，实现向“旅游经济”的转型。

具体来说，文旅小镇通过重点打造“文旅”产业，丰富了旅游产品结构，提高了旅游服务的软硬件水平，满足了不同层次游客的停留和消费需要，从最大程度上将游客“留下来”，真正让游客“游有所乐”“乐此不疲”。以近年来风生水起的“夜经济”为例。夜经济，是指以市民和游客为消费主体，以购物、休闲、文化、健身为主要形式，消费时间段大约是从晚上七点之后到次日六点之前。由于夜间消费通常需要灯光，因此又被称为“灯光经济”。夜经济的繁荣是城市繁华的表现。夜经济越发达，其城市的经济发展越充满活力。如杭州西湖夜游，白天看西湖，晚上乘船游西湖、看戏、看各种商业演出。又如上海黄浦江，白天看黄浦江两岸的繁华，夜晚坐船饱览两岸灯火，同时还可以吃宵夜、购物。从某种程度上说，旅游项目夜晚的收入还超过白天的收入，餐饮、住宿、购物、娱乐的收入更是远超门票的收入。

笔者在操作文旅小镇时，就很注意二次消费，尤其是引进一些符合景区特点、项目新颖、人气旺、资金回报高的项目，这样一方面可以增加项目本身的收入，另一方面也带动了人气，增加了餐饮、居住、购物的消费，形成良性循环。

文旅小镇除了收取门票（部分运营很好的文旅小镇门票收入占营收的比例很小），还有房地产开发（如前文所述，特色小镇不是不可以做房地产，而是房地产开发的比例要适度，绝不能以特色小镇之名行房地产开发之实）等。

需要着重指出的是，在文旅小镇的盈利方面，一定要引进专业的尤其是具有丰富经验的社会资本投资、建设和运营，如果只懂得建设不懂得运营，则对项目未来的运营和发展壮大不利。专业的社会资本一般都会选择知名度高、经验丰富的旅游类运营公司（这类公司通常是轻资产公司，对文旅小镇项目一般不作股权投入，即使有股权投资，也是象征性地占一点比例）合作，作为联合体投标文旅小镇项目，中标后再发挥各自的优势建设、运营文旅小镇。大的旅游类公司旗下有众多的旅行社，仅凭这一点就可以保证文旅小镇不缺乏人气，如此也就不缺乏消费，不缺乏现金流了。

可喜的是，笔者在实际操作文旅小镇的过程中发现，很多地方政府很重视项目的运营，也就是重视社会资本运营方的实力。有的地方政府甚至在资金实力很强的社会资本投资意愿强烈的情况下，也表现得不慌不忙，不唯“资金论”，一定要求社会资本提供运营能力强的企业才愿意继续合作，这说明地方政府对特色小镇的看法越来越成熟，也说明经过几年的推广和宣传，我国的特色小镇建设越来越科学。

05

康养小镇

“忽如一夜春风来，千树万树梨花开。”

正如诗中所言，仿佛是一夜之间，康养小镇就从一个牙牙学语的婴孩迅速成长为一个英气勃勃的翩翩少年。伴随着我国经济社会快速发展和人口老龄化现象越来越严重，康养小镇正以其“特而强”的核心产业，健康养生、养老医疗、休闲娱乐、旅游度假等“聚而合”的功能，环境优美、多规合一等“小而美”的形态，自主投资、混合经营、资源入股等“新而活”的机制，成为我国特色小镇建设和经济社会发展中一道独特的风景。

中国养老行业大数据

我国已经进入老龄化社会，这是一个公认的事实。

那么，当下的我国到底有多“老”？ 5年后的我国将有多“老”？

10年、20年后的我国又将有多“老”？

数据最有说服力。

从数据看我国的老龄化

2000年11月底第五次人口普查数据显示，65岁以上老年人口已达8 811万人，占总人口6.96%，60岁以上人口达1.3亿人，占总人口10.2%。根据国家统计局发布的《2014年国民经济和社会发展统计公报》，2014年我国13.67亿人口中，60岁及以上的老人有2.12亿人，占总人口的比例为15.5%；65岁及以上人口数为1.37亿人，占比10.1%。

老龄化社会是指老年人口占总人口达到或超过一定比例的人口结构模型。联合国的传统标准是一个地区60岁以上老人达到总人口的10%，新标准是65岁老人占总人口的7%，该地区即被视为进入老龄化社会。无论是60岁以上老年人口占人口总数的比例，还是65岁以上老年人口占人口总数的比例，我国都双双“达标”。

据世界卫生组织预测，到2050年，我国将有35%的人口超过60岁，成为世界上老龄化问题最严重的国家。另外，我国权威部门预计，2020年，我国60岁以上老人将达到2.48亿，占比17.5%；2025年，我国60岁以上老人将达到3亿，占比21%，65岁以上老年人比例达13.7%；

2027年，我国65岁以上老人比例高于15%，正式进入深度老龄化社会。2030年，我国60岁以上老人比例将接近1/4，65岁以上老人比例将达到16.2%；2040年，我国60岁以上老人比例将达到30%，65岁以上老人比例将达到22%，进入超级老龄化社会；2050年，我国60岁以上老人数量将达到4.34亿，比例达到31%，65岁以上老人比例会达到1/4，达到目前日本的水平。

按照人口老龄化的程度划分，65岁以上人口达到7%为进入老龄化社会。如果达到14%，为深度老龄化社会；如果达到20%，那么这个国家就称得上是名副其实的超级老龄化。国家统计局统计公报的数据很明显：从1995年到2035年，短短的45年时间，我国就将跨越非老龄化、老龄化、深度老龄化各个阶段，进入超级老龄化社会。专业研究认为，由人口变动调查数据取得的老年人口比例比统计公报还要高，最多可能高出2个百分点。以此分析，我国目前离深度老龄化已是咫尺之遥。

我国老龄化拥有两个“世界第一”：一是老龄人口数量世界第一；二是老龄化速度世界第一。

从数据看我国的养老机构

目前我国养老服务是养老产业发展的一个明显短板，最重要的是供需差异极大。比如，以传统养老院为代表的养老机构数量目前远远不能满足市场需求。以北京为例，目前北京全市的养老院床位约为 8 万张，其中，归属于公立养老院的空置床位几乎为零。

民政部统计，目前全国各类养老服务机构和设施不足 10 万个。其中：养老服务机构 3 万余个，社区养老服务机构和设施近 2 万个，互助型养老设施 4 万多个，军队离退休干部休养所近 2 000 个。在养老床位方面，我国养老机构各类养老床位近 580 万张，每百名老年人拥有养老床位只有 2.72 张。相比较之下，国际标准为每百名老人有 5 张床位。可见，我国养老床位存在很大的缺口。普华永道预测，中国养老院床位的需求量将从 2015 年的 659 万个增至 2025 年的 1 285 万个。而参照 3 个老年人配备一个护理员的国际标准，我国养老服务从业人员也严重不足。

2017 年 2 月由国务院发布的《“十三五”国家老龄事业发展和养老体系建设规划》（以下简称《规划》）指出，我国养老体系存在明显短板，涉老法规政策系统性、协调性、针对性、可操作性有待增强；城乡、区域老龄事业发展和养老体系建设不均衡问题突出；养老服务有效供给不足，质量效益不高，人才队伍短缺；老年用品市场供需矛盾比较突出；老龄工作体制机制不健全，社会参与不充分，基层基础比较薄弱。

我国养老市场规模高达 4 万亿元

我国“十三五”规划确定的养老目标是“城市日间照料社区全覆盖，农村覆盖率超过 50%，每千名老人拥有养老床位 35 到 45 张”，即到 2020 年，我国养老床位数量应在 800 万张以上。目前国内每千名老人拥有养老床位约 26 张，城市日间照料社区覆盖率 70%，农村覆盖率为 37%，整体床位缺口超过 200 万张。由此可见，健康养老产业不管是从市场覆盖率还是每千名老人拥有的床位数量看，都存在很大的缺口和不足，养老服务产业未来空间巨大。经测算，我国老年人的生活成本主要包含衣、食、住、行以及健康、娱乐等基础消费。数据显示，我国养老市场规模高达 4 万亿元。

我国养老模式以居家养老为主

概括而言，养老模式主要分为两种，即居家养老和机构养老。

报告显示，目前我国老年人养老形式比较传统，主要是居家养老，只有为数不多的老年人愿意在专业机构养老。不过，随着近年来我国经济社会的快速发展，人们的生活水平越来越高，老年人的养老意识逐渐增强，养老观念也发生了很大的变化，如在 2013 年的调查中，就有近 40% 的老年人愿意选择专业养老机构。据了解，我国未来主要养老方式为以居家养老为基础和以社区为依托。[1]

养老政策接连释放

近几年来，我国频频出台养老政策以引导各类资本进入养老产业。养老服务开始从鼓励非营利性转向运营主体多样化发展。2016 年 10 月，国家和相关部委相继发布关于加快养老产业的政策：中共中央、国务院印发《“健康中国”2030 规划纲要》；民政部、国家发展改革委、教育部、财政部等 11 部委联合发布《关于支持整合改造闲置社会资源发展养老服务的通知》（民发〔2016〕179 号）；国务院办公厅印发《老年教育发展规划（2016—2020）》；由全国老龄办、国家发展改革委、国土资源部、住房和城乡建设部等 25 个部委联合发布《关于推进老年宜居环境建设的指导意见》。上述《规划》进一步落实养老主题的发展与未来规划。此外，浙江、北京、江苏、安徽等地也出台了养老服务规划，我国养老产业发展可期。近年我国出台的相关养老政策见表 5–1。

[1] 2011 年 2 月，民政部发布《社会养老服务体系建设“十二五”规划》，即“9073”养老引导方针：90% 的老年人在社会化服务协助下通过家庭照料养老，7% 的老年人通过购买社区照顾服务养老，3% 的老年人入住养老服务机构集中养老。

表 5-1 近年我国出台的相关养老政策

时间	政策名称	出台单位	主要内容
2000.10	《关于对老年服务机构有关税收政策问题的通知》	财政部、国家税务总局	暂免福利性、非营利的老年服务机构的企业所得税
2006	《中国老龄事业发展"十一五"规划》	全国老龄委	提出"十一五"期间，我国在养老保障医疗保险、社会救助等方面要实现的目标和任务
2006.2	《关于加快发展养老服务业意见的通知》	国务院办公厅	大力发展社会养老服务机构，鼓励发展居家老人服务业务
2007.10	党的十七大报告		强调基本养老
2008.1	《关于全面推进居家养老服务工作的意见》	全国老龄委等 10 部委	全面推进居家养老服务
2011.9	《中国老龄事业发展"十二五"规划》	国务院	研究探索长期护理制度，将养老纳入经济社会发展规划
2011.11	《社会养老服务体系建设规划 2011—2015》	国务院办公厅	提出社会养老服务体系应以居家为基础，社区为依托，机构为支撑，重点推进供养型、养护型、医护型养老设施建设
2012.7	《关于鼓励民间资本进入养老服务领域的实施意见》	民政部	民办养老机构免征营业税，根据投资额、建设规模给予一定补贴
2013.9	《关于加快发展养老服务业的若干意见》	国务院	提出到 2020 年，全面建成以居家为基础，社区为依托，机构为支撑的，功能完善、规模适度、覆盖城乡的养老服务体系

续表

时间	政策名称	出台单位	主要内容
2014.7	《关于做好养老服务业综合改革试点工作的通知（含清单）》	民政部	结合申报地区养老服务业发展实际，确定北京市西城区等 42 个地区为全国养老服务业综合改革试点地区
2014.8	《关于做好政府购买养老服务工作的通知》	财政部	以老年人基本养老服务需求为导向，将政府购买服务与满足老年人基本养老服务需求相结合，优先保障经济困难的孤寡、失能、高龄等老年人的服务需求
2014.9	《关于加快推进健康与养老服务工程建设的通知》	国家发展改革委	重点加强健康服务体系、养老服务体系和体育健身设施建设，2015 年每千名老人有床位 30 张，2020 年达到 35 ~ 40 张
2014.11	《关于推动养老服务产业发展的指导意见》	商务部	服务设施不断充实，服务内容和形式不断丰富，服务队伍不断扩大
2015.2	《关于鼓励民间资本参与养老服务业发展的指导意见》	民政部、国家发展改革委等	推进医养融合发展，鼓励社会力量举办规模化，连锁化并对其免征营业税，涉及土地使用权转让，不动产转让不征收增值税、营业税
2015.4	《关于进一步做好养老服务业发展有关工作的通知》	国家发展改革委、民政部等	强调要统筹推进养老服务业综合改革试点，扎实推进健康与养老服务重大工程建设，积极推动养老服务业创新发展，要求要探索建立多元化投融资模式，有力维护养老服务业发展环境，重点支持社区居家养老服务设施建设项目，居家养老服务网络

续表

时间	政策名称	出台单位	主要内容
2015.4	《关于开发性金融支持社会养老服务体系建设的实施意见》	民政部、国家开发银行	建设项目、养老机构建设项目、养老服务人才培训基地建设项目、养老产业相关项目
2015.9	安徽省《城乡养老服务体系建设实施办法》	省民政厅、省财政厅	以满足中低收入老年群体基本养老服务需求为重点，积极支持和引导社会力量参与养老服务，逐步建立多元化、多层次、多形式的养老服务体系
2015.11	《关于推进医疗卫生与养老服务相结合的指导意见》	卫计委、民政部、国家发展改革委等	提出建立健全医疗卫生机构与养老机构合作机制，支持养老机构开展医疗服务，推动医疗卫生服务延伸至社区、家庭，鼓励社会力量兴办医养结合机构，鼓励医疗卫生机构与养老服务融合发展等
2016.1	北京市《关于经济困难的高龄和失能老年人居家养老服务工作中有关服务事项的通知》	北京市民政局	开展经济困难的高龄和失能老年人居家养老服务工作，由现有北京通一养老助残卡服务队伍中的养老机构、养老照料中心、养老服务公司等专业的养老服务类企业或社会组织提供
2016.3	《国务院批转国家发展改革委〈关于2016年深化经济体制改革重点工作意见〉的通知》	国务院	深化养老服务业综合改革试点，全面放开养老服务市场，鼓励民间资本，外商投资进入养老健康领域，提高养老服务质量，推进多种形式的医养结合，增加有效供给。

康养小镇的开发路径

我国养老市场前景广阔，特色小镇快速推广。中共中央、国务院印发《“健康中国 2030”规划纲要》(以下简称《纲要》)把健康推向一个新的高度，为健康产业的发展提供了有力支持。在特色小镇方兴未艾的当下，《纲要》也为康养特色小镇的发展指明了方向。

康养小镇，是以“健康”和“养老”为小镇开发的出发点，以健康产业和养老产业为核心，将健康、养生、养老、旅游、休闲、度假等多元化功能融为一体，从而形成的产业特色突出、服务设施齐全、生态环境优美的特色小镇。康养小镇通常具有以下特点：

地理资源较好

一般而言，如果要创建发展康养小镇，首先一个重要的基础条件就是良好的生态环境和气候条件。在此基础上，再根据当地其他特色资源，比如温泉资源、长寿文化、森林资源、旅游资源、医药产业、农业产业等，发展融合不同产业体系的康养小镇。

产业特色突出

特色小镇强调产业“特而强”，康养小镇也不例外。在产业特色方面，康养小镇强调以“健康”和“养生”为主的产业，重点打造休闲度假、健康食品、绿色农业、体育产业，从而形成生态养生健康小镇产业体系。

功能明确

就康养小镇“聚而合”的功能而言，其关键词主要是“健康”“养生”“养老”“旅游”“休闲”“度假”，且这些功能要融为一体。基于此，康养小镇是多业态聚合的。康养小镇主要根据旅游者和居民的需求，将健康养老、医疗服务、文旅体验、休闲度假以及体育运动等业态聚合，实现康养小镇的功能“聚而合”。实践中，具体业态主要根据项目所在地特色资源打造诸如度假养生、温泉养生、森林养生、湖泊养生、田园养生、生态体验以及矿物质养生等内容。因此，康养小镇占地面积通常会比较大（尤其是依托山地、森林自然资源建设的康养小镇更是如此），投资规模也比较大。

如果没有上述特色资源，只有一定的旅游资源和山清水秀的自然环境，是否可以打造康养小镇呢？当然是可以的，这就需要花费相当大的工夫，做精心的策划，植入相关特色产业与功能，如通过旅游的搬运功能进行特色产业植入，通过优美的自然环境进行生态产业植入。同时还要培育和引导养生养老产业进驻，发展养生产业。而医养结合型的康养小镇则需导入医药产业，形成医药种植产业链或医药产业园等。下面以浙江桐庐健康小镇为例加以说明（见案例 5-1）。

【案例 5-1】

桐庐健康小镇

早在四年前，位于富春江畔的桐庐县地方政府便敏锐地捕捉到健康产业这一时代脉搏，并在《富春山居图》[1]的实景地成立富春山健康城，主打健康服务业。

据介绍，桐庐健康小镇是浙江省首批37个特色小镇之一，也是浙江省最早从事健康产业的特色小镇。地方政府围绕“生态为基、产业为王、项目为要”三大要求，在桐庐山水最秀美的环境中，在健康城的核心区块，围绕健康养生、生命科学、中医药保健、体育旅游休闲四大特色产业，绘就“健康服务业＋”的山水大画卷，做好经济社会大文章。

特色小镇的核心之一是产业“特而强”。桐庐健康小镇在产业特色方面做足文章：健康养生养老、中医药保健、健康旅游、健康食品、医疗服务、健康管理等多类型关联产业集聚。

在机制方面，桐庐健康小镇也是“新而活”，如充分利用自主投资、混合经营、产业基金、项目孵化等灵活多样的合作方式，点式供地、资源入股。此外，政府产业扶持、项目奖励、人才吸引等多重优惠的政策服务也吸引着越来越多的项目。

[1] 富春山居图是元朝书画，画家黄公望为郑樗（无用师）所绘，以浙江富春江为背景，全图用墨淡雅，山和水的布置疏密得当，墨色浓淡干湿并用，极富于变化，是黄公望的代表作，被称为“中国十大传世名画”之一。

桐庐健康小镇由数个核心项目组成，著名的江南养生文化村（以下简称“本项目”）就是其中之一。本项目坐落于桐庐富春山健康城核心区块，毗邻大奇山国家森林公园，与城市CBD无缝衔接，森林覆盖率达80%以上，一年中空气质量优良天数优于二级标准有340天以上，PM2.5浓度年均值低于35，负离子浓度2 578个/立方厘米。本项目总投资10亿元，总规划面积约300亩，建筑面积8.6万平方米。具体而言，本项目建设有三大模块，分别为：健康管理中心、养生度假中心、国际交流中心，其功能定位于养生度假与医疗旅游相结合的国际化医养结合体验中心。其中，健康管理中心是中国中医科学院基础临床研究所中医养生江南健康养生临床基地，设有江南国医馆、睡眠管理中心、国医大师工作室等，以传统中医“治未病”为纲，中西并举，提供体检、问诊、理疗、睡眠监测和干预等专业服务；养生度假中心则设有500个单元的全地暖套房，可为1 000人提供长短期的养生养老健康促进服务，设有江南健康促进大学、江南瑜伽院、休闲咖啡吧、健身娱乐区、药浴理疗区、开放式书店、生活精选超市、有机果蔬店、儿童游乐园、鲜花铺等，可以一站式满足日常生活的需求，融入酒店式精致服务，让入住者享受江南幸福邻里生活。

数据显示，桐庐健康小镇成立后仅仅两年时间里，就完成固定资产投入27.16亿元，实现税收收入2.02亿元，旅游人数达187.6万人次。[1]

---

[1] 其中，2015年完成固定资产投入11.11亿元，达到税收0.97亿元，旅游人数90万人次；2016年完成固定资产投入16.05亿元，达到税收1.05亿元，旅游人数97.6万人次。

康养小镇的开发类型

那么，康养小镇到底应该怎样打造呢？分析认为，需要根据小镇所在地的自身特色，确定康养小镇的开发类型，比如景区或景区周边有宗教文化基础，适合作宗教文化型康养小镇开发；有长寿文化基础，倡导食养、药养等健康养生，适合作长寿文化康养小镇开发；有温泉这一核心资源，适合作温泉型康养小镇开发等。

实际操作中，目前我国康养小镇大致有如下几种开发类型。

宗教文化养生型

宗教文化是一种独特的人文旅游资源。我国具有深厚的宗教文化资源。宗教文化养生型康养小镇主要是依托道教、佛教等宗教文化资源，打造集宗教文化养生体验、养生教育、养老、休闲度假等于一体的综合度假区。通常情况下，宗教文化养生型康养小镇分布在历史人文旅游景区或景区周边。下面以湖北武当太极湖为例加以说明（见案例 5–2）。

【案例 5-2】

湖北武当太极湖生态文化旅游区

资料显示，武当山太极湖生态文化旅游区由太极湖新区和太极湖旅游区组成。其中，太极湖新区即武当新城板块，由商业娱乐区、旅游服务区、养生度假区组成，重点建设旅游发展中心、武当国际武术交流中心、五星级太极湖国际大酒店、武当艺术馆、太极剧场、太极湖学校、太极湖医院、商业步行街和高档居住区等项目；太极湖旅游区由旅游度假板块、水上游览板块和户外休闲板块，包括国际创意区、运动公园区、度假酒店区、管理中心区、文化体验区、旅游码头区、主题公园区、集散中心区、水上游览区、户外营地区、森林公园区、户外大本营区、后勤服务区和新农村示范区，重点建设太极小镇、武当山功夫城、老子学院、太极养生谷、山地运动公园、武当国际会议中心、超五星级文化主题酒店、蓝湾、武当山旅游码头、游艇俱乐部、汽车营地、自行车营地、户外小镇、户外学校等项目。武当山太极湖生态文化旅游区集旅游观光、休闲娱乐、养生度假于一体，重点依托武当山的道教文化和良好的生态环境发展养生养老、健康度假产业。整个生态文化旅游区规划面积 57 平方公里，投资总额 180 亿元，其总体结构分为一环、二轴、两区、四大板块、17 个功能分区，共建设 9 大项目群、180 多个子项目，其中重点项目 30 个。

生态养生型

随着我国城镇化进程的加快，人们的居家养老观念逐步改变。同时，随着人们生活水平的日益提高，一种全新的养老理念——“生态养老”开始流行。生态养老是指老年人通过亲近生态环境，享受自然环境的一种全新的养老模式。[1] 具体来说，当今社会越来越多的老年人不再满足于离退休以后“提篮子、带孩子、绕着炉台子”的单调生活，而是希望走出家门，根据自身的兴趣和爱好，享受生活，陶冶身心，比如养花种草、养鸡鸭、采摘蔬果以及上山锻炼身体等。生态养生型康养小镇指以原生态的优美的自然环境为基础，重点打造养生养老、休闲旅游、种植养殖等健康产业。很显然，生态养生型康养小镇主要分布在自然生态环境优美的景区（山区、森林、湖泊等地）。下面以被住房和城乡建设部列入第一批全国特色小镇名单（共 127 个）的辽宁谢屯镇为例加以说明（见案例 5-3）。

---

[1] 关于生态环保养老服务模式，早在 2014 年 8 月的国务院常务会议上就有部署：推进生态环保养老服务等重大工程建设，以调结构促发展、推升级。

【案例 5-3】

渤海湾畔辽宁谢屯镇

据了解，谢屯镇位于大连市北部的渤海湾畔，紧邻长兴岛国家级经济开发区，距大连市区仅 1 小时车程，全镇面积 192.5 平方公里，海岸线长 36 公里，辖 8 个行政村和 1 个社区，总人口近 5 万人。镇内有高速公路、疏港铁路、滨海大道、县级公路以及乡级公路，交通十分便利。

谢屯镇依山傍海，风景独特，拥有美丽宜居的环境。经过多年发展，谢屯镇逐步形成了休闲、养老、渔业、海盐业等产业，其中休闲、养老业发展最为迅速，是全镇的主导产业。目前，其以休闲养老产业为特色，以旅游产业发展为支撑，形成了美丽宜居、休闲度假、特色养老的休闲养老特色小镇。谢屯镇休闲养老小镇已建成的养老社区可容纳 1.2 万对老人同时居住，配套有温泉会馆、体育馆、老年俱乐部、医院、中医诊所等。其户型结构有高层住宅、小高层住宅、瓦房、别墅以及四合院，可以充分满足老年人的养老需求。此外，谢屯镇按照“大旅游”理念，打造观光、度假、民俗、宗教、运动等各种旅游特色并存的发展格局，如独具特色的海盐文化（包括盐田观光、盐业博物馆、死海漂浮浴等旅游项目）、田园文化，形成了养老与旅游产业互动、融合发展的一体化格局。

长寿文化养生型

长寿文化养生型康养小镇主要依托长寿文化，以食疗养生、医疗养生、山林养生和自然生态养生等为核心，形成了具备绿色健康餐饮、养生度假、休闲旅游等多功能的健康养生养老体系。下面以浙南健康小镇为例加以说明（见案例 5–4）。

【案例 5–4】

浙南健康小镇

浙南健康小镇位于浙江省龙泉市兰巨乡，背靠国家级自然保护区龙泉山，是长寿龙泉第一乡。这里山好水好空气好，食药材资源极其丰富，是健康食养、药养绝佳福地。当地充分利用长寿品牌，以“寿”字山、长寿林生态屏障为依托，建设体现长寿文化和崇尚健康的养生旅游基地；利用其得天独厚的生态条件和长寿特色，发展具备农业观光、健康餐饮、休闲娱乐、养生度假等多功能的健康长寿小镇。

医养结合型

医养结合型康养小镇是依托医药产业和医药文化，打造形成的集医疗养生、健康养老、休闲度假等于一体的康养特色小镇。下面以江苏大泗镇中药养生小镇为例加以说明（见案例 5-5）。

【案例 5-5】

江苏大泗镇中药养生小镇

公开资料显示，江苏大泗镇历史悠久，具有深厚的医药文化，老中医、老药铺众多，历史上曾出现“一街十六药铺”的盛况。江苏大泗镇中药养生小镇位于大泗镇中药科技园，占地 1 300 亩，总投资 4 亿元。该园以“中药材种植，产学研养游”为特色，致力于打造“国内一流，江苏第一”的示范性中药科技园。园内分为中药种植生态区（主要种植泰半夏、决明子、药用花卉等）、中药科技园养生体验区（主要有中药养生馆、中药文化展示馆、游客中心等）、中药材加工区（重点发展中药材饮片加工及相关联产业）、中药商贸文化街区（建筑为明代风格，重点建设小镇客厅、国医馆、药膳馆、养生馆、特色商铺及民宿等）以及养生养老配套服务区（完善社区功能，拓展养生养老服务产业）。

大泗镇中药养生小镇以中药科技园为核心[1]，打造“1+3+X”的发

[1] 2017 年 12 月 5 日，国家发展改革委、国土部、环保部、住建部联合发布《关于规范推进特色小镇和特色小城镇建设的若干意见》，要求各地结合产业空间布局优化和产城融合，循序渐进发展“市郊镇”“市中镇”“园中镇”“镇中镇”等不同类型的特色小镇；依托大城市周边的重点镇培育发展卫星城，依托有特色资源的重点镇培育发展专业特色小城镇。按照该意见，大泗镇中药养生小镇应属于“园中镇”。

展体系（其中，1为中药科技园，3指休闲娱乐、中药养生、医疗器械产业三大健康产业，X为舞台文化、养老、生态农业等多个配套产业），打造中药文化、养生文化、旅游文化的平台。

温泉养生型

温泉是泉水的一种，是从地下涌出的天然水。严格来说，温泉是泉口温度显著高于当地年平均气温而又低于（等于）45℃的地下天然泉水，是含有对人体健康有益的微量元素的矿物质泉水。中国医疗矿泉专家陈炎冰在《矿泉与疗养》一书中指出，温泉一般含有多种活性作用的微量元素，有一定的矿化度，泉水温度通常在30℃以上。温泉可对肥胖症、运动系统疾病（如创伤、慢性风湿性关节炎等）、神经系统疾病（如神经损伤、神经炎等），早期轻度心血管系统疾病、痛风、皮肤病等具有医疗作用。温泉养生型康养小镇重点依托温泉这一独特的核心资源，发展“温泉+”特色产业，比如温泉+养生、温泉+养老、温泉+健康、温泉+休闲等，从而形成具有浓郁温泉特色的温泉养生小镇。下面以福建厦门汀溪镇为例加以说明（见案例5-6）。

【案例 5-6】

福建厦门汀溪镇

2016 年 10 月，福建省厦门市同安区汀溪镇被国家发展改革委、财政部以及住房和城乡建设部共同认定为第一批中国特色小镇。汀溪镇地处厦门市同安区西北部，是厦门及闽南地区的后花园，城镇面积 155.85 平方公里，镇区常住人口 0.3 万人。

作为"厦门生态第一镇"，近年来，山清水秀、人杰地灵的汀溪镇立足自身丰富的旅游资源，以温泉特色养生为主题，因地制宜对温泉产品进行复合型开发，通过温泉旅游、生态旅游和旅游地产三条线同步打造乐活小镇。

06

农业特色小镇

改革开放以来，农业始终是我国国民经济发展的基础，尤其在广大中西部地区，农业仍然是人民群众赖以生存的基础和经济命脉。而在国家重点推广特色小镇的大背景下，我国的农业面临怎样的挑战，又将迎来怎样的发展机遇呢？

农业特色小镇的概况与规划要点

农业特色小镇，是指依赖农业特色产业和特色环境因素（如地域特色、生态特色、文化特色等），打造具有明确的农业产业定位、农业文化内涵、农业旅游特征和一定社区功能的综合开发项目。它是通过现代农业 + 城镇，构建产城一体、农旅双链、区域融合发展的农旅综合体。它是旅游景区、消费产业聚集区、新型城镇化发展区三区合一，产城乡一体化的新型城镇化模式。

农业特色小镇出现的背景和现状

特色小镇的核心是产业，目前我国推广的特色小镇主要是战略新兴产业或历史经典产业。就具体的推广情况而言，在浙江、江苏、上海等东部经济发达地区，鉴于经济基础扎实、企业众多、高新技术产业突出，因此战略性新兴产业小镇（如航空小镇、航天小镇、无人机小镇等）较为常见。此外，上述地区也不乏历史经典产业，如青瓷小镇、中药小镇等。不过，我国经济在地域上存在发展的不平衡，在广大中西部尤其是西部偏远地区，工业基础薄弱，高新技术产业比较落后，还不完全具备发展战略性新兴产业特色小镇的条件，因此相当多的地方政府将目光盯在历史经典产业特色小镇上，其中不乏利用当地的文旅特色发展文旅小镇的尝试。与此同时，还有相当多的地方政府将目光聚集在本地突出的农业领域，希望借国家大力推广特色小镇的东风发展农业特色小镇。

研究发现，在众多类型的特色小镇中，农业特色小镇以其独特的行业地位和特点越来越受到关注，也越来越成为社会资本的投资重点，有望成为这一轮特色小镇建设中的热点。

梳理发现，各地逐渐掀起建设农业特色小镇的热潮。如山东省创建的 60 个省级特色小镇中，济南平阴县玫瑰小镇、东营市利津县陈庄获花小镇、潍坊临朐县九山薰衣草小镇、济宁金乡县鱼山蒜都小镇、德州庆云县尚堂石斛小镇等均为农业类特色小镇；又如，河北省省级特色小镇中的馆陶县黄瓜小镇、甘肃省省级特色小镇中的兰州市皋兰县什川梨园小镇、金昌市金川区双湾香草小镇，安徽省的六安市霍山县石斛小镇，等等，都是农业类特色小镇。目前我国各省都在大力推广农业类特色小镇，要求其主导产业为一二三产融合发展，兼顾高科技农业、品牌农业、互联网 + 农业、创意农业等。

此外，在选择特色产业难度较大的情况下，中西部地区不由自主地往相对容易的休闲农业类特色小镇上靠拢。数据显示，在 2016 年 10 月住房和城乡建设部发布的第一批 127 个国家级特色小镇中，中西部地区农业类特色小镇便占了一定比例，有代表性的比如：陕西省杨陵的五泉镇（高效农业、特色农业）、甘肃武威市凉州区清源镇（葡萄产业）、宁夏固原市泾源县泾河源镇（中药材产业）等。需要指出的是，并非所有的农业特色小镇都分布于中西部地区，在东部，农业特色小镇也发展较快。以江苏为例，尽管江苏经济发展在我国各省（自治区、直辖市）中名列前茅，且成功推广了多个战略新兴产业特色小镇，但农业特色小镇也是江苏省特色小镇建设的重要组成部分。从 2017 年开始，江苏省分批培育 100 个左右主导产业特、农耕文化深、融合程度高、“双创”氛围浓、生态环境美、富民效应大的农业特色小镇，争取一批农业特色小镇列入省级特色小镇名单。2017 年 5 月，江苏省正式确定了含 105 个省农业特色小镇的名单[1]，省农委从 2017 年起启动“12311”创意休闲农业省级特色品牌培育计划，计划用 3 ~ 5 年时间培育 100 个农业特色小镇、200 个休闲农业示范村、300 个主题创意农园，构建一个全国领先的创意休闲农业互联网平台，每年举办一期创意休闲农业设计大赛展。江苏农业特色小镇将按照“宽进严定、动态管理、优胜劣汰、成熟授牌”的方式有序推进。从省级层面来说，农业特色小镇将被纳入农业结构调整重点支持领域，在省级现代农业发展资金安排上予以倾斜扶持，并积极争取农业特色小镇申报农村一二三产业融合发展试点、现代农业产业园区等中央财政项目。鼓励承担部省级相关试点任务，先行先试，改革创新。

中央和地方出台支持农业特色小镇政策

2016 月 12 月，国务院下发《关于进一步促进农产品加工业发展的

[1] 名单涵盖了农业历史经典产业、非物质农业文化遗产保护、农耕文化、农家乐、创意休闲农业等多种特色小镇。果蔬采摘是小镇名单中最多的一类，比如以阳山水蜜桃闻名天下的无锡惠山区阳山镇的“蜜桃小镇”、南京溧水区白马镇的“蓝莓小镇”、苏州吴中区东山金庭的“枇杷小镇”等。

意见》指出，将加快建设农产品加工特色小镇，实现产城融合发展。根据该意见，农业特色小镇建设被提上日程，契合一系列国家战略，前景值得期待。

从各省来看，目前关于支持农业类特色小镇建设的政策不断出台（见表6–1），农业类特色小镇建设已经蔚然成风。以四川省为例，2017年2月，四川省发改委发布《四川省"十三五"特色小城镇发展规划》，提出在2016—2020年，培育发展200个左右特色小城镇，重点打造六大类特色小镇。其中现代农业型特色小城镇45个，位列第二。上述规划提出，要按照各地主体功能定位，根据重点开发区域、农产品主产区、重点生态功能区的管控要求，立足资源禀赋、地理区位、发展基础等实际，引导特色小城镇布局建设，将重点打造旅游休闲型、现代农业型、商贸物流型、加工制造型、文化创意型和科技教育型六大类。其中，现代农业型，将充分利用四川田园景观优美、农业生产经营活跃、乡土风情浓郁等优势，鼓励花卉、果蔬、林业、渔业、牧业等农业产业化资源丰富的小城镇，加快发展现代农业和农产品深加工产业，推动4A级景区建设，促进城镇建设和都市农业、现代农业相互结合，建成宜农宜游、保留乡愁记忆、服务"三农"的特色小城镇。

表 6-1　各省（直辖市）支持农业类特色小镇的政策

序号	省（直辖市）	政　策
1	江苏省	江苏省《关于培育创建江苏特色小镇的指导意见》明确有现代农业类别。要求小镇主导产业为一二三产融合发展，要兼顾到高科技农业、品牌农业、互联网 + 农业、创意农业等。
2	湖北省	湖北省《关于加快特色小（城）镇规划建设的指导意见》提出，重点瞄准高端装备制造、新材料等产业，兼顾香菇、茶叶、小龙虾、酒类等传统特色产业。
3	四川省	《四川省“十三五”特色小城镇发展规划》提出，在 2016—2020 年，培育发展 200 个左右特色小城镇，重点打造六大类特色小镇。其中现代农业型特色小城镇 45 个，位列第二。
4	天津市	《天津市特色小镇规划建设工作推动方案》指出，到 2020 年，将创建 10 个市级实力小镇、20 个市级特色小镇，在现代产业、民俗文化、生态旅游、商业贸易、自主创新等方面竞相展现特色，建设成一镇一韵、一镇一品、一镇一特色的实力小镇、特色小镇、花园小镇。
5	山东省	《山东省创建特色小镇实施方案》明确产业定位，尊重经济规律，按照一镇一业、一镇一品要求，因势利导，突出主导产业，拉长产业链条，壮大产业集群，提升产业层次，做大做强特色经济。聚集人才，培育海洋开发、信息技术、高端装备、电子商务、节能环保、金融等新兴产业；挖掘资源禀赋，发展旅游观光、文化创意、现代农业、环保家具等绿色产业；依托原有基础，优化造纸、酿造、纺织等传统产业。

续表

序号	省（直辖市）	政　策
6	甘肃省	甘肃省《关于推进特色小镇建设的指导意见》指出，坚持产业、文化、旅游“三位一体”，生产、生活、生态“三生融合”，工业化、信息化、城镇化、农业现代化“四化驱动”，项目、资金、人才、管理“四方落实”的要求，坚持以人为本、公平共享，科学规划、产业集聚，生态文明、绿色低碳，文化传承、彰显特色，政府引导、市场运作，统筹协调、分类指导的原则，围绕不同区域的产业发展、自然风貌、文化风俗和资源禀赋，按照“一镇一业”“一镇一品”的要求，切实做好创建工作，力争通过3年的努力，在全省范围内初步建成一批特色鲜明、绿色低碳、功能完善、产业集聚、开放包容、机制灵活、示范效应明显的特色小镇。

如何打造农业特色小镇

与其他类型的特色小镇相比，农业特色小镇有着自身显著的特色。那么，农业特色小镇应该如何打造呢？

小镇以特色产业为核心

农业特色小镇以特色农业为核心，以休闲农业和乡村旅游为抓手，以文化为精髓，兼顾打造壮美现代田园，营造一种区别于都市的从土地到餐桌到床头的原乡生活方式，创新活力宜居的城乡农业旅游共同体。分析认为，农业特色小镇从空间上看是一个系统圈层架构：第一层为农户业态，包括每一农户所提供的餐饮、农产品和民宿方式；第二层为以村落为中心的原乡生活聚落；第三层为更广阔的半小时车程范围内的乡村度假复合功能结构。

规划好农业小镇

农业小镇最大的特点是要对基础农业进行详细规划，建成具有地方特色的大型农业基地，将“特色农业”的优势不断放大（如特色水果、特色大米等）。此外，还可以在农业小镇中加入房地产元素（即体现特色小镇“宜居”的功能），从而依靠房地产开发建设获得部分收益，带动周边的农业改造。

农业小镇作用大

农业的机遇大于挑战。通过农业类特色小镇的建设，一方面，我国农业借此可以实现产业升级，从而向现代农业、生态农业、休闲农业发展；另一方面，我国农业从传统农业大镇向休闲农业特色小镇发展，逐渐形成集农业、生态、休闲、旅游、消费等一体的产业集群。此外，一些农业类特色小镇在建设中，可以利用特色小镇承接城市资金、技术和管理资源，大力发展现代农业、农业科技、农产品加工以及休闲农业。

农业特色小镇与传统农业的区别

笔者认为，农业特色小镇的“农业”与传统的农业是不一样的，二者有着诸多的不同。

在地理范围上，通常情况下，农业特色小镇规划面积为 3 ~ 5 平方公里，核心建设面积为 1 平方公里。但这只是一般情况，特色小镇建设要因地制宜，结合项目所在地的实际情况进行规划和建设，遵循的是控制数量、提高质量、节约用地、体现特色的要求，既不能因噎废食，也不能盲目求大，有的只有 3 ~ 5 平方公里，有的则需要规划为 10 平方公里甚至更大，尤其是农业类特色小镇，需要大片的农田才适合机械化运作、飞机播种等，才能实现产业规模效益、经济效益，片面地理解地理范围和套用理论都是不科学的。传统的农业则不受规划面积的约束。

2017 年 12 月 4 日，国家发展改革委等四部委联合发文，明确要求规范推进特色小镇建设，严格节约集约用地，各地区要落实最严格的耕地保护制度和最严格的节约用地制度，在符合土地利用总体规划和城乡规划的前提下，划定特色小镇和小城镇发展边界，避免另起炉灶、大拆大建。鼓励盘活存量和低效建设用地，严控新增建设用地规模，全面实行建设用地增减挂钩政策，不得占用永久基本农田。合理控制特色小镇四至范围，规划用地面积控制在 3 平方公里左右，其中建设用地面积控制在 1 平方公里左右，旅游、体育和农业类特色小镇可适当放宽。

在功能上，特色小镇关键在“产城融合”，更确切地说是特色小镇所强调的“产业、文化、旅游、社区”功能叠加。农业特色小镇承担疏解大城市中心城区功能、发展农村经济的功能，因此需要与特色产业发展相结合、与服务“三农”相结合，打通承接城乡要素流动的渠道，打造融合城市与农村发展的新型社区和综合性功能服务平台。具体来说，农业特色小镇是一个“镇”，虽然这个镇可能是行政建制镇，也可能不是，但它具有特色小“镇”的构成元素：产业、人文、旅游、社区，是有研究人员、创业者、当地农民等大量居民居住的社区，这就要求建设公园、广场、中小学等；而传统的农业范围内，只是一个农业生产劳动的地方，可能是一个自然村，也可能是一个行政建制镇，不一定需要旅游、社区等功能。

在核心产业上，农业特色小镇的产业虽然与传统农业的产业都是“农业”，但二者区别很大：前者注重的是现代农业（大棚、电子温控等）、高科技农业（机械化耕作、飞机播种等）、生态农业（不用化肥的绿色、有机食品)、互联网农业[1](农产品通过农村电商飞往世界各地)和休闲农业(采摘、体验、旅游、居住、餐饮等),是紧随时代潮流的升级版农业。具体来说,农业特色小镇围绕种植业结构调整、养殖业提质增效、农产品加工升级等,发挥社会资本和各经营主体的优势,协同推进农业小镇建设运营。而后者则是传统的牛耕地人播种的生产效率低的农业,是完全靠天吃饭的农业,也是投入大回报小的落后农业。

在产业链上,农业特色小镇的目标是促进产业融合发展、构建功能形态良性运转的产业生态圈,激发市场新活力,培育发展新动能。以一二三产业链为目标,融合上中下游产业链,市场流通顺畅高效、资源环境高效利用。因此,在农业特色小镇内,重点培育一批经济效益好、辐射带动强的现代化农业企业和新型农业经营主体,打造一批优势特色明显的企业品牌和农产品品牌,将小镇培育成农业农村经济的重要支柱;而在传统农业产业模式下,只有第一产业即农业生产,农产品定价权小、附加值低。

[1] 将农业特色互联网小镇作为信息进村入户的重要形式,充分利用互联网理念和技术,加快物联网、云计算、大数据、移动互联网等信息技术在小镇建设中的应用,大力发展电子商务等新型流通方式,有力推进特色产业发展。

休闲农业：让农业小镇“活起来”

鉴于农业本身投资规模大、利润率低、投资回报期长的特点，在策划农业类特色小镇之初，就必须重点考虑运营，设计好多元化的投资回报机制，否则会面临巨大的投资风险。

农业特色小镇建设起来了，那么，有哪些优质的项目可以吸引城市人来旅游、来消费？社会资本又该通过怎样的运营方式让小镇“活起来”？显然，这里面有大量的文章要做。概括来说，一个成功的农业特色小镇，需要结合田园亲子、青年游乐、中年养生、老年养老等旅游消费需求，配套“吃、住、行、游、购、娱、学、养、思”等城市消费项目以实现以下目标：一是加快投资者的投资回报；二是带动小镇的经济活力；三是升级小镇的产业结构；四是带动当地居民就业致富。

重点发展休闲农业

当下，随着人们生活水平的日益提高，城市人越来越多地涌向城市附近的乡村旅游，由此带热了大城市周边的乡村休闲游、民宿游，主要表现在乡村采摘、农家乐和民宿热等。在此背景下，农业类特色小镇也成为部分具有扎实农业基础的地方重点建设的方向。

我国是传统的农业大国，有着深厚的农业基础和丰富的农产品特色，农业依然是我国国民经济发展的基础，尤其在广大中西部，相当多的地方目前仍然以传统农业为主要经济支柱。而在国家重点推广美丽乡村建设、城乡统筹发展的大背景下，农业被提高到重要的地位。此外，随着近年来市民下乡的热潮，大都市周边的乡村休闲、民宿游十分火热，乡村采摘园、农家乐、民宿等热度不减。对于承接城市和拉动农村发展的特色小镇来说，农业生产、农产品加工、农业科技、农业服务、休闲农业必将发挥重要作用。我国农业开始从传统的农业大镇转向休闲农业特色小镇，逐渐形成了集农业、休闲、生态、旅游、消费等于一体的产业集群。

休闲农业包括休闲农业产业和休闲农业旅游。

作为农村一二三产业发展的融合体，休闲农业近年来发展迅猛，已经成为一种新型产业形态和消费业态，在促进农业提质增效、带动农民就业增收、传承中华农耕文明、建设美丽乡村、推动城乡一体化发展方面发挥了重要作用。

休闲农业集生产、生活、生态于一体，兼具观光、教育、运动等多重功能，重新构建起城市人与土地之间的联系，唤起人们对于简单、纯粹的田园生活的探索热情。当前休闲农业的火热发展，正是源于城市人希望寻觅乡愁，游客在乡村中找到记忆，从而真切体会到乡土文化的归宿感。

休闲农业已经成为下一个农业“金矿”

休闲农业以农业资源、农村特色、农村自然景观和天然风光为依托，充分融合乡村旅游元素，开展观赏、体验农作、品尝、购物、休闲、娱乐、度假、健身等各种旅游活动，从而提高农业经济效益。具体来说，休闲农业的主要特点有：一是“赏”，休闲农业中“赏”的内容和方式都很广泛，可以无限挖掘和创新；二是“采”，采摘作为一种新型休闲业态，参与性、趣味性、娱乐性强，且聚人气、带财气，成本低、收益高，已成为现代休闲农业与乡村旅游的一大特色；三是“尝”，品尝特色乡村美食，满足味觉享受，为消费者提供“地产地销”的特色美食，为消费者带来味蕾绽放之旅；四是“学”，发挥农业的教育功能，为城市人提供了近距离接触农业、了解农业科技的绝佳场所，寓教于乐；五是“戏”，快乐的玩耍、嬉戏活动很容易将成年人带回到无忧的童年时代，引起情感上的共鸣，延长旅游者逗留时间，提升游客满意度；六是“憩”，植入农村文化和农业特色元素，从各个方面给消费者带来身体和心灵上的放松与享受；七是“养”，为游客提供原生态的食品和新鲜的空气，有利于身心健康；八是“淘”，可以实现农产品的直销，使乡村生产者与城市消费者直接对接，减少了中间销售环节，游客快乐地把商品带回家，生产者的利润大幅度提高。

休闲农业的政策支持

调研发现，休闲农业成为建设特色小镇捷径。2016年初以来，中央涉及三农的政策中均对农业类特色小镇给予了支持。如2016年4月，农业部办公厅《关于开展中国美丽休闲乡村推介工作的通知》强调，在“中国美丽休闲乡村”推介活动中，“集中连片发展较好的、以休闲农业和乡村旅游为主要产业的特色小镇”将可推荐申报中国美丽休闲乡村。上述农业类特色小镇在申报提交后，将可以和历史古村、特色民居村、现代新村、特色民俗村等一起，在休闲农业专家委员会进行审核、公示后被认定为“中国美丽休闲乡村”并授牌。

发展休闲农业的日本经验

据了解，自20世纪70年代开始，伴随着体验经济的兴起，休闲农业在日本迅速发展。日本休闲农业主要有内容丰富、主体责任明确、法制健全以及科学开发有序发展等特点，是一种“生产+生态+生活”的综合性、多功能农业。具体来说有以下特点：一是政府引导，多方参与，日本观光休闲农业发展中政府起到了最基本的推动作用，如技术支持、财政支持、公共设施完善以及国际合作等。二是民间协会公司各司其职，日本的农业合作组织组织严密，在农村扮演着举足轻重的角色。日本全国农协观光协会[1]主要从推动产业发展的角度，开展具体的宣传、研究、培训等公益性工作。三是产业融合，地域营销。建立“区域旅游开发平台”，一定区域内的产、学、研机构，对区域内的住宿设施、体验设施、土特产品、农业资源等进行综合开发，然后推向市场。四是重视乡村景观的保存、提升，注重农村地区的文化符号保留，营造出一个美丽迷人的乡村环境，吸引城市游客。五是立法先行，规则明确。日本建立了健全的休闲农业与乡村旅游法规体系。

目前，我国休闲农业快速发展，日本在休闲农业方面的经验值得借鉴。

[1] 公开资料显示，1967 年，日本全国农协成立全国农协观光协会。该协会的业务内容包括：区域发展事业（组织市民采摘俱乐部、支持乡村土特产生产销售）、体验交流事业（组织各种农事体验活动）、宣传活动事业（面向市民主办《交流》杂志，推介城乡交流活动、乡土特产、乡土餐饮、传统工艺品等）、教育文化事业（组织经营管理者培训班、农村观光资源和民俗文化资源的保护与开发）和调查研究事业（城乡交流、休闲农业方面的课题调研）。

田园综合体是农业特色小镇最好载体

“田园综合体”是继“特色小镇”之后，又一被市场广泛关注的概念。[1] 分析农业特色小镇与田园综合体的核心特征，笔者认为，田园综合体是农业特色小镇建设的最好载体。

田园综合体渐热

2017 年 2 月，田园综合体作为乡村新型产业发展的亮点措施被写进中央一号文件，“支持有条件的乡村建设以农民合作社为主要载体、让农民充分参与和受益，集循环农业、创意农业、农事体验于一体的田园综合体，通过农业综合开发、农村综合改革转移支付等渠道开展试点示范”。严格来说，田园综合体是集现代农业、休闲旅游、田园社区为一体的特色小镇和乡村综合发展模式，是在城乡一体格局下，顺应农村供给侧结构改革、新型产业发展，结合农村产权制度改革，实现中国乡村现代化、新型城镇化、社会经济全面发展的一种可持续性模式。

---

[1] 数据显示，早在 2012 年底，我国就有 8.5 万个村开展了休闲农业与乡村旅游活动，休闲农业与乡村旅游经营主体达到 170 万家，其中农家乐 150 万家，从业人员 2 800 万，占全国农村劳动力的 6.9%，年接待游客 8 亿人次，实现营业收入超过 2 400 亿元。

2017年5月，财政部印发《关于开展田园综合体建设试点工作的通知》（财办〔2017〕29号，以下简称《通知》），决定从2017年起在有关省份开展田园综合体试点。按照三年规划、分年实施的方式，2017年，财政部确定河北、山西、内蒙古、江苏、浙江等18个省份开展田园综合体建设试点，每个试点省份安排试点项目1～2个，各省份可根据实际情况确定具体试点项目个数。对于试点地区，《通知》提出了明确的立项条件。要围绕有基础、有优势、有特色、有规模、有潜力的乡村和产业，按照农田田园化、产业融合化、城乡一体化的发展路径，以自然村落、特色片区为开发单元，全域统筹开发，全面完善基础设施。此外，基础条件要较优，“区域范围内农业基础设施较为完备，农村特色优势产业基础较好，区位条件优越，核心区集中连片，发展潜力较大；已自筹资金投入较大且有持续投入能力，建设规划能积极引入先进生产要素和社会资本，发展思路清晰；农民合作组织比较健全，规模经营显著，龙头企业带动力强，与村集体组织、农民及农民合作社建立了比较密切的利益联结机制”。

从调研结果来看，各地开展试点工作的意愿和积极性高，主要原因有：一是当前我国经济发展进入新常态，各地方寻找新动能；二是我国经济处于工业化的中后期阶段，劳动、资本、技术等城乡要素加快流动，这为田园综合体建设提供了重要的条件；三是随着人们生活水平日益提高，城市居民对田园生活有了更多的渴望，乡村旅游发展态势迅猛；四是国家政策支持，包括财政资金支持。

农业特色小镇与田园综合体的相同点

城乡统筹规划体系的有效补充

农业特色小镇和田园综合体都是城乡统筹规划体系的有效补充，是新型城镇化发展路径之一和重要抓手。从规划内容上看，二者都立足于农业科技与农业产业链的共同建设，强调发展现代农业，并促进一二三产融合发展；从目的来看，二者都追求社会效益、经济效益和生态效益的统一。

采取农业＋文旅＋社区的综合发展模式

农业特色小镇致力于构建产城一体、农旅双链、区域融合发展的农旅综合体，采取产城乡一体化的新型城镇化模式。分析认为，田园综合体基于企业化运作，是以企业和地方合作的方式，在乡村进行的大范围整体、综合的规划、开发、运营：一是企业化承接农业，以中长期的产业规划代替传统的农户短期导向，以农业产业园区发展的方法提升现代农业；二是规划打造文旅产业；三是深入开展人居环境建设，为原住民、新住民、游客打造新型乡村、小镇和社区群落。总的来看，一个完善的田园综合体应是一个包含了农业、林业、牧业、渔业、加工业、制造、餐饮、酒店、仓储、保鲜、金融、工商、旅游及房地产等行业的三产融合体和城乡复合体，采取“农业 + 文旅 + 社区”的综合发展模式。

以农业产业为核心

农业特色小镇和田园综合体以打造理想乡间田园为目的，以农业产业为核心。农业特色小镇依赖农业特色产业和特色环境因素（如地域特色、生态特色、文化特色等），打造具有明确的农业产业定位、农业文化内涵、农业旅游特征和一定社区功能的综合开发项目。而田园综合体也强调以农业产业为核心，集循环农业、创意农业、农事体验于一体。前文财政部《通知》指出，田园综合体要“突出农业为基础的产业融合、辐射带动等主体功能，具备循环农业、创意农业、农事体验一体化发展的基础和前景。明确农村集体组织在建设田园综合体中的功能定位，充分发挥其在开发集体资源、发展集体经济、服务集体成员等方面的作用”。

强调农事体验

传统的农业产业以生产、种植为主，没有旅游、社区的功能。而农业特色小镇和田园综合体在以现代农业为核心产业的同时，还强调农事体验。具体来说，农业特色小镇基于当地的农业产业特色优势，营造一种区别于都市生活方式的、从土地到餐桌到床头的原乡生活方式；田园综合体则让都市人体验农耕活动和乡村生活的苦乐与礼俗，陶冶性情，引导人们重新思考生产与消费、城市与乡村的关系，从而产生符合自然规律的自醒、自律行为。

积极引入社会资本

对于特色小镇的投融资模式，国家政策支持 PPP 模式建设特色小镇。前文财政部《通知》指出，要“积极创新财政投入使用方式，探索推广政府和社会资本合作，综合考虑运用先建后补、贴息、以奖代补、担保补贴、风险补偿金等，撬动金融和社会资本投向田园综合体建设”。

从形态来看，田园综合体完美契合农业特色小镇

传统的农业乡村只是以单一的经济产业或农作物作为主要支撑，农业特色小镇则是一个兼具农业产业、人文、旅游、社区等多项功能的综合体，具有新业态、新产业、新居民。一个完善的田园综合体是包含了新型的加工、仓储、金融、旅游、服务等行业的三产融合体和城乡复合体，是以交通、物流和通信等基础设施为支撑的经济空间，可以实现人流、物流、信息流融为一体。

以田园综合体为理念打造的农业特色小镇市场前景广阔

与传统的产业园区不同，田园综合体更强调将农业链条做深做透，囊括农业、科技、健康、旅游、养老、创意、休闲、文化、培训、加工、电商、贸易、物流、金融等丰富多元的维度。因此无论是从定位还是市场规模来说，传统的产业园区都无法与田园综合体相提并论。所以，以田园综合体为理念打造的农业特色小镇市场前景非常广阔。

田园综合体可规避农业特色小镇风险

鉴于农业具有投资大、收效慢的特点，农业特色小镇面临着不少现实的困难，而相对来说，田园综合体操作起来就要简单许多。下面以黑龙江富锦市田园综合体“稻”梦空间为例加以说明（见案例 6–1）。

【案例 6–1】

黑龙江富锦市田园综合体“稻”梦空间

公开资料显示，2017 年，黑龙江富锦市依托独特的地理、生态优势，打造以稻田文化为主题的田园综合体（以下简称“富锦项目”），被誉为“华夏东极旅游的‘稻’梦空间”。富锦项目包括“大地艺术”“空中观赏”“体验互动”“科普拓展”“休闲娱乐”等板块，通过各产业的相互渗透和融合，以田园综合体为载体，把休闲农业、养生度假、文化艺术、农耕活动等有机结合起来，发挥乘法效应，形成华夏东极旅游的“稻”梦空间，展示了田园产业的美好未来。如富锦长安镇永胜村的4万亩高标准水稻示范基地，将建一座观光塔、12座观光亭、20个观光平台，在观光塔四周，利用多种不同颜色的水稻苗种出“中国梦”“美丽乡村”“祖国大粮仓”“海稻船”等多幅巨型彩色稻田画。此外，还将打造植物迷宫、海稻水世界、稻草人王国、黑土泥浆植物迷宫、热气球等多个项目，利用观光农业和现代都市农业将生态资源优势推向全国。

在发展乡村旅游的同时，流转其中的1万亩水稻田，成立合作社，农户种植水稻都采用订单模式，每公斤水稻收购价格较之市场价格高0.54元。合作社还按照市场需求，将实时调整经营结构。合作社有38个育秧大棚，其中8个大棚将种植蘑菇、木耳，其他大棚种植瓜果蔬菜，供游人采摘。

“互联网 + 农业小镇”迎来最好时代

2015年3月，李克强总理在政府工作报告中提到，制定“互联网+”[1]

[1] “互联网 +”，即推动移动互联网、云计算、大数据、物联网等与现代制造业结合，促进电子商务、工业互联网和互联网金融健康发展，引导互联网企业拓展国际市场。简而言之，“互联网 +”就是利用互联网的平台和信息通信技术，把互联网和包括传统行业在内的各行各业结合起来，在新的领域创造一种新的生态。

行动计划。2015 年 6 月，国务院常务会议通过《“互联网 +”行动指导意见》，明确提出要推进“互联网 +”，促进协同制造、现代农业、公共服务等 11 个重点领域的发展。在大力发展“互联网 +”的时代背景下，将农业特色优势转化为产业优势，培育出经济效益好、辐射带动强的新型农业经营主体，打造优势特色明显的农业区域公用品牌、企业品牌和产品品牌，把小镇培育成农业农村经济的重要支柱，成为农业特色互联网小镇的发展方向。

国家政策支持大力发展农业特色互联网小镇

为贯彻落实党中央、国务院关于农业农村信息化发展和特色小城镇建设的部署要求，加快农村互联网建设步伐，让更多农民用得上、用得起、用得好互联网，推动信息化与农业现代化融合发展，提高农业生产智能化、经营网络化、管理数据化、服务在线化水平，农业部市场与经济信息司决定组织开展农业特色互联网小镇建设试点，探索镇域范围内加快农业农村信息化建设的有效途径、机制和模式。2017 年 6 月，农业部市场与经济信息司印发《关于组织开展农业特色互联网小镇建设试点工作的通知》，该通知指出，力争在 2020 年试点结束以前，原则上以县（市、区）或垦区为单位，在全国建设、运营 100 个农业特色优势明显、产业基础好、发展潜力大、带动能力强的农业特色互联网小镇。在小镇内，培育一批经济效益好、辐射带动强的新型农业经营主体，打造一批优势特色明显的农业区域公用品牌、企业品牌和产品品牌，将小镇培育成农业农村经济的重要支柱。此外，小镇建设遵循自愿原则，以县级政府为主组织，制定建设方案，明确四至范围、产业定位、建设运营单位、投资规模、建设计划，并附概念性规划。

就农业特色互联网小镇建设的投融资模式，该通知指出，采取政府和社会资本合作（PPP）模式。政府负责宏观指导和引导，积极争取金融机构融资支持，充分发挥企业主体作用，鼓励企业投入资金并组织申报、审核、建设、运营工作。

对实操具有指导意义的是，该通知还指出，各地在建设过程中如有资金需求，可向北京中投炎黄文化创意中心申请支持。该中心设立了农业特色互联网小镇专项资金，设置专项资金管理办公室负责制定资金申报细则，接受申报。对于自愿申报、审定合格的建设运营主体，专项资金按照 PPP 模式提供项目投资总额 70% 以内的资金支持，与小镇建设运营主体建立利益共建共享机制。

2017 年 10 月，农业部办公厅印发《关于开展农业特色互联网小镇建设试点的指导意见》指出，“互联网 +”现代农业行动为农业特色互联网小镇建设提供了基础条件。力争到2020年，在全国范围内试点建设、认定一批产业支撑好、体制机制灵活、人文气息浓厚、生态环境优美、信息化程度高、多种功能叠加、具有持续运营能力的农业特色互联网小镇。此外，该指导意见明确，试点任务一共有四方面内容：一是建设一批农业特色互联网小镇，各地要将农业特色互联网小镇建设与特色农产品优势区、全国“一村一品”示范乡镇等相结合，建设一批产业“特而强”、功能“聚而合”、形态“小而美”、机制“新而活”的农业特色互联网小镇，推动设施农业、畜禽水产养殖、农产品流通加工、休闲农业等领域的创业创新。二是探索一批农业农村数字经济发展的新业态新模式。数字经济是驱动农业特色互联网小镇建设的新引擎。各地要因地制宜运用互联网等现代信息技术，融合生产、生活和生态，结合文化、产业和旅游，探索适合农业特色互联网小镇建设的新产业、新业态和新模式，最大限度挖掘和释放数字经济潜力，实现对传统农业的数字化改造，培育农业农村经济发展新动能。三是培育一批绿色生态优质安全的农业品牌。农业品牌是农业特色互联网小镇建设的重要抓手。依托特色农产品优势区建设，突出农业产业特色，聚焦优势品种，建立农业品牌培育、发展、监管、保护以及诚信管理制度，重点打造一批区域特色明显、产品品质优良、质量安全体系较为健全、生产方式绿色生态、市场竞争力强、适合网络营销的农业品牌，带动传统农业产业结构优化升级，提高质量、效益和竞争力。四是建立一套可持续发展机制。可持续发展机制是农业特色互联网小镇建设的重要保障。完善农业特色互联网小镇建设的政策体系，探索“政府引导、市场主体”的建设模式，构建小镇共建共享的可持续发展机制。创新投融资机制，拓展融资渠道，鼓励利用财政资金撬动社会资本，鼓励银行和其他金融机构加大金融支持力度。深化便利投资、商事仲裁、负面清单管理等改革创新，构建项目选择、项目孵化、资金投入和金融服务的市场化机制。完善利益分享机制，实现政府得民心、企业得效益、农村得发展、农民得实惠的综合效果。

我国发展农业互联网小镇条件具备

数据显示，我国农业农村电子商务快速发展，2017 年上半年农村网络零售额为 5 376.2 亿元，同比增长 38.1%，增速比城市高出 4.9 个百分点，农产品电商增速远高于电子商务整体增速，农产品电商正在实现由“客厅”向“厨房”的变革。信息进村入户工程从局部试点进入全面实施阶段，并在 10 个省份开展整省推进示范。目前全国共建成运营近 7 万个益农信息社，累计为农民和新型农业经营主体提供公益服务 1 360 万人次，开展便民服务 1.85 亿人次，实现电子商务交易额 135 亿元。各地积极探索农业特色互联网小镇建设，并取得初步成效。如从2015年开始，海南省以“互联网+”为支撑，与信息进村入户工程实施紧密结合，以现代农业建设为依托，因地制宜，率先在全国开展互联网农业小镇的创建工作，其首批创建的10个互联网农业小镇为我国农业领域的互联网小镇进行了有益的探索和实践。

建设农业特色互联网小镇，有利于开发特色农业资源，促进产业集聚、创新和转型升级，推进农业供给侧结构性改革；有利于城乡协调发展，促进城乡公共服务均等化、资源配置合理化，推动农村大众创业万众创新；有利于推动自然生态、历史人文、民族特色、传统工艺与农业产业和信息技术融合发展，丰富特色产业内涵，助推脱贫攻坚。

下面以广东省清远市清新区“互联网+农业小镇”为例加以说明（见案例6-2）。

【案例6-2】

广东省清远市清新区“互联网＋农业小镇”

2016年6月，清新区“互联网＋农业小镇”（以下简称“清新项目”）被公布为广东省首个“互联网＋农业”创建小镇，该区立足实际、有的放矢、抓住重点，围绕“互联网＋特色农品”“互联网＋农业品牌”“互联网＋精准扶贫”实施三大工程。

第一大工程：“互联网＋特色农品”，使特色农产品直接与消费者挂钩。“互联网＋农业小镇”项目的成功落地，不仅是让更多养殖户“牵手”农村电商，而且将农业物联网植入到生产销售过程，让特色农产品从销售环节前移到生产环节。以当地最为著名的特色农品“清远鸡”为例，清新项目建设“清远鸡”大数据中心、质量安全溯源系统、垂直电子商务平台和网上博物馆等。“清远鸡”养殖标准全面应用到养殖、屠宰、配送、烹饪等环节。同时，消费者通过微信等软件平台，可以随时随地了解“清远鸡”的生长、加工和流通情况。

借助互联网的平台，“清远鸡”的销量实现了倍增。

数据最有说服力。2016 年，“清远鸡”养殖现场直播平台搭建工程告竣，并与京东、天猫等完成对接。消费者只要轻点鼠标进入“清远鸡”官方旗舰店，便可身临其景，享受远程“抓鸡”之乐。借助互联网营销模式带来的全新消费体验和更强品质认同，2016 年，“清远鸡”网上订单达到 10 多万笔，销售额达到 1 200 万元，比 2015 年增长了 350%。

第二大工程：“互联网＋农业品牌”。品牌对产品的重要性不言而喻，农产品也是一种产品，在市场经济中各类农产品竞争十分激烈。借助于“互联网＋农业小镇”平台和互联网基因的植入，清新项目的农业品牌建设迅速驶上了快车道，当地许多农业龙头企业华丽转身，成为打造农业品牌的主力军：“金门香瓜”“清新柠檬”“石湖番薯”“清西火龙果”等农业品牌声名鹊起，不仅销量大增，而且销售价格平均提高了30%以上。

第三大工程：“互联网＋精准扶贫”。精准扶贫是当下国家的一项重要工作，同样，“互联网＋农业小镇”也能为精准扶贫攻坚战做出重要贡献。作为“互联网＋农业小镇”建设的成果之一和精准扶贫项目，“清新农场”是对电商扶贫模式的全新探索，具体运作模式是：政府统筹扶贫资金投入银行进行融资放大，贫困户以放大后的信贷资金入股，项目承接公司投入部分资金并负责整体运作。贫困户享受土地租金、股金分红、劳动力报酬及休闲农业等开发收益。如入驻企业某公司与“清新农场”合作，该公司租赁某村100亩土地种植百香果，每亩年租金1 300元，合同期限为5年。经政府担保、银行授信，该村34户有劳动力的贫困户将共计170万元作为股金投入项目，每年按10%的固定回报率分红。合同到期后，该公司全额返还本金。

通过运作清新项目，力争实现两个目标：一是用互联网实现脱贫攻坚；二是完成对现代农业的体系重塑。

公开资料显示，仅仅一年时间，清新项目就引进“互联网＋农业”相关企业近50家，新增注册资本9 800多万元。2016年农产品电商销售额约1.7亿元，比2015年增长200%。

农业特色小镇 PPP 项目运作

2014 年 11 月 29 日，财政部发布《关于印发政府和社会资本合作模式操作指南（试行）的通知》（财金〔2014〕113 号），该通知对项目识别、准备、采购、执行、移交等各环节操作流程进行了详细说明，投资规模较大、需求长期稳定、价格调整机制灵活、市场化程度较高的基础设施及公共服务类项目，适宜采用政府和社会资本合作模式。关于项目的发起方式，政府和社会资本合作项目由政府或社会资本发起，以政府发起为主。其中，政府发起指财政部门（政府和社会资本合作中心）负责向交通、住建、环保、能源、教育、医疗、体育健身和文化设施等行业主管部门征集潜在政府和社会资本合作项目。行业主管部门可从国民经济和社会发展规划及行业专项规划中的新建、改建项目或存量公共资产中遴选潜在项目。社会资本发起指社会资本以项目建议书的方式向财政部门（政府和社会资本合作中心）推荐潜在政府和社会资本合作项目。

研究发现，特色小镇主要承载旅游、文化、健康、环保、养老、时尚、民宿等特色产业，需要大量的基础设施建设和公共服务。而根据国务院办公厅转发的财政部、国家发展改革委、中国人民银行《关于在公共服务领域推广政府和社会资本合作模式的指导意见》(国办发〔2015〕42号),PPP模式共包括能源、交通运输、水利建设、生态建设和环境保护、市政工程、片区开发、农业、林业、科技、保障性安居工程、旅游、医疗卫生、养老、教育、文化、体育、社会保障、政府基础设施和其他等19个行业。从这一点来说,特色小镇与PPP模式在交通运输、农业、养老、生态、旅游、环保、文化等领域具有天然的一致性。换句话说,特色小镇建设适合以PPP模式操作。

下面是一个由社会资本发起的某市农业特色小镇PPP项目(以下简称"本项目")建议书。

一、项目概况

(一)项目名称

某市农业特色小镇PPP项目

(二)项目类型

新建

(三)项目拟建地点

某市

(四)项目实施单位

某市某镇人民政府

（五）项目定位与建设目标

本项目定位省级或国家级重点项目；目标是以现代农业产业园为龙头聚集优质资源打造成高效农业综合体，打造中国一流的绿色安全蔬菜生产基地，打造中国一流的绿色蔬菜物流基地和绿色蔬菜出口基地，打造以农业产业化为基础的高端农业科技文化公园，打造以农业产业化与美丽乡村小城镇相结合的三农融合发展的示范区。

（六）项目建设内容

1. 建设相对集中连片的 4 万亩绿色果蔬生产种植园区（包括 4 万亩园区内的水、电、路、渠、桥等农业基础设施、6 000 座日光温室大棚、生产用附属设施与配套设施、农业物联网与信息化、农产品质量安全追溯体系等），打造现代农业示范园区。

2. 建设与 4 万亩种植区相配套的产业链工厂区约 500 亩（包括综合办公生活区、产品研发中心、果蔬生产加工中心、包装纸箱厂、薄膜厂、有机肥复合肥厂、卷帘机厂、绳具厂、钢结构厂、建材厂等项目配套产业）。

3. 建设 3 000 亩左右的农业科技文化公园及旅游公共设施（公园按照园林艺术的风格设计，内容包含农业观光旅游、农产品采摘、体验教育等业态的都市休闲农业景区），打造农业和旅游业深入融合发展示范区。

4. 建设 3 000 亩的牛羊养殖园区及园区内的水、电、路、渠、桥等农业基础设施、现代化养殖棚舍、青贮池等配套设施，打造畜牧类现代农业庄园，与果蔬种植区打造种养加循环农业综合示范区。

5. 建设 1 000 亩的农业产业公共服务设施即现代农业产业园区（包括农产品质量安全检测中心、农产品质量安全追溯体系、农业技术培训中心、农业物联网与信息化、农产品展销中心、农产品批发市场、农资交易市场、电子商务中心、仓储物流中心、综合办公生活区等），完善某市现代农业发展必要的配套设施及服务体系。

（七）项目总投资

经估算，项目规划总投资约 40 亿元。

（八）项目合作模式

本项目采用“政府与社会资本合作模式（PPP 模式）”实施，由中选的社会资本与政府授权的出资机构注册成立 SPV 项目公司（原则上政府股权不超过 50%，具体持股比例以 PPP 项目实施方案和 PPP 项目合同为准），授权市农业局对 SPV 项目公司建设和运营进行监督管理，并负责项目建设及运营过程中涉及的前期立项手续协调及相关优惠政策的落实等工作；某市政府授予 SPV 项目公司特许经营权，将项目设计、投融资、建设、运营及维护等全部交给项目公司。

本项目由SPV项目公司负责项目的投融资、建设和运营。项目资本金占总投资的20%即8亿元，拟由社会资本、某市政府共同出资；其余总投资的80%即32亿元拟以SPV项目公司名义通过银行贷款、信托计划、投资基金等金融工具进行融资。本项目根据收益预期和建设周期可在10～30年之间确定合作期限。

二、项目建设的必要性

（一）党和政府始终把解决好“三农”问题和扶贫问题作为国家各项工作的重中之重，2017年，中央“1号文件”连续14年聚焦“三农”问题。此外，《国民经济和社会发展第十三个五年规划纲要》《全国农业可持续发展规划（2015—2030年）》《全国蔬菜产业发展规划》《国家新型城镇化规划》《美丽乡村规划指南》《中国农村扶贫开发纲要（2011—2020）》《国务院精准扶贫工作实施方案》《国务院关于促进旅游业改革发展的若干意见》等文件颁布，这些文件坚持以深入实施农业现代化工程为抓手，不断加大强农、惠农、富农政策力度，推动我国的“三农”事业和扶贫开发事业进入新时期。

（二）实现某市农业总体规划和帮扶农民增收致富的需要，某市委、市政府致力于把蔬菜作为农业主导产业来培育，围绕蔬菜全产业链，以工业化理念统筹推进种植、加工、销售各环节，引导发展采摘体验、休闲观光等业态，推动蔬菜一二三产业融合发展，发挥产业集聚集群效益。吸引社会资金积极参与规模化蔬菜基地建设和商品化育苗，大力培育蔬菜种植大户、农民合作社等各类经营主体，引领千家万户发展适度规模蔬菜生产。建立一批高档次、高质量、高效益的农业设施，把蔬菜打造成为产值过百亿的农业支柱产业，创建全省重要的蔬菜科技示范基地和蔬菜集散地。

（三）某市农业实现规模化、产业化、标准化发展的重要实践。标准化的建立有助于提高产品品质和提升质量，产业化的组织模式使整个产业链能够协同，保证各方效益，形成收益促进规模、规模增加收益的良性循环。

三、项目采用 PPP 模式的可行性与优势

（一）采用 PPP 模式的可行性

1. 政策指引。2017 年中央 1 号文件强调，创新财政资金使用方式，推广政府和社会资本合作，撬动金融和社会资本更多投向农业农村。《关于加强地方政府性债务管理的意见》（国发〔2014〕43 号）、《国务院关于创新重点领域投融资机制鼓励社会投资的指导意见》（国发〔2014〕60 号）、《关于加大改革创新力度加快农业现代化建设的若干意见》（中发〔2015〕1 号）、《国务院办公厅关于加快转变农业发展方式的指导意见》（国办发〔2015〕59 号）、《关于推进农村一二三产业融合发展的指导意见》（国

办发〔2015〕93号）等文件明确提出，鼓励社会资本投入农业领域。此外，财政部、国家发展改革委、中国人民银行《关于在公共服务领域推广政府和社会资本合作模式的指导意见》（国办发〔2015〕42号）鼓励在农业领域广泛采用政府和社会资本合作模式，吸引社会资本参与。《关于积极开发农业多种功能大力促进休闲农业发展的通知》（农加发〔2015〕5号）指出探索新型融资模式，鼓励利用PPP模式、众筹模式、互联网+模式、发行私募债券等方式，加大对休闲农业的金融支持。国家发展改革委、农业部《关于推进农业领域政府和社会资本合作的指导意见》（发改农经〔2016〕2574号）提出大力推进农业领域采用PPP模式。

2. 农业产业符合PPP模式的特点："投资规模大，需求稳定，有一定的现金流"。规模化农业初期投资大、使用期长、市场需求大。项目建成后，便可长期使用，且农业市场容量巨大，农产品消费具有不可替代性，潜在需求巨大。不仅如此，随着我国经济快速发展，人民生活水平日益提高，对绿色健康食品的需求日益增长，这为项目提供了稳定的收益保障。

（二）采用PPP模式的优势

本项目采用PPP模式可以实现政府和社会资本的优势互补，产生"协同效应"，达到经济效益和社会效益最大化。一是通过PPP模式降低政府前期投入；二是发挥社会资本的专业生产技术、先进运营管理经验、市场渠道和投资融资能力优势，提高农业小镇的运营效率并降低运营成本；三是采用 PPP 模式，在促进城乡统筹发展的同时，积极探索农业领域 PPP 建设模式的创新机制。

四、PPP 运作模式

（一）回报方式

本项目在使用者付费不足以满足社会资本或项目公司成本回收和合理回报时，由政府以可行性缺口补助方式对社会资本或项目公司进行补贴，因此本项目回报机制采用“使用者付费 + 可行性缺口补助”的方式。

（二）交易结构

项目交易结构图见下图。

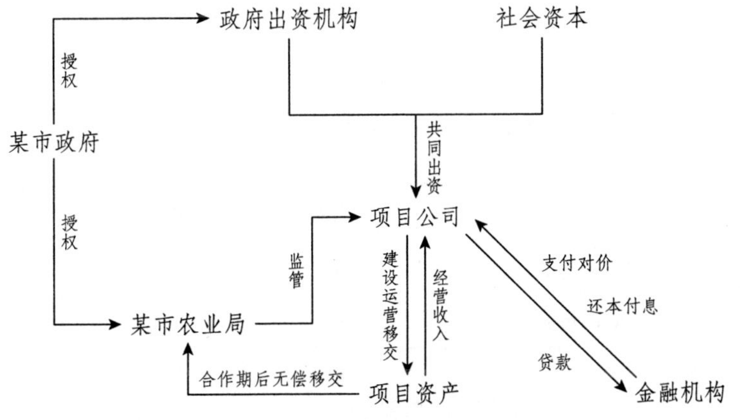

项目交易结构图

（三）风险分配原则

依据最优风险分配原则、风险收益对等原则和风险可控原则，政府和社会资本在可控和可承受范围内，通过风险分担的方式实现降低风险、提高效率的目标。本项目原则上融资、设计、建设、运营、维护等风险主要由SPV项目公司承担，政策、法律变更、最低需求等风险主要由政府承担，不可抗力风险等由政府和项目公司合理共担。基于本项目大部分收益以农产品种植销售为主，气候因素对农产品产量和价格影响较大，因此，虽然项目运营风险原则上由SPV项目公司独自承担，但是由自然不可抗力（如自然灾害）导致的项目收益不足以收回投资或达到预期收益的风险应由政府和社会资本共担，具体风险分担方式和收益影响判定标准以项目实施方案和PPP项目合同为准。本项目风险分担方案见下表。

表6-1　某农业小镇风险分担方案

层级		风险因素	政府方承担	社会资本承担	共同承担
宏观层风险	政治	政局不稳定	▲		
		政治抵制或敌对	▲		
		资产征用或国有化	▲		
		政府失信	▲		
		政府决策效率低	▲		

续表

层级		风险因素	政府方承担	社会资本承担	共同承担
宏观层风险	法律	法律变化	▲		
		税收政策变化		▲	
		行业规定变化	▲		
	市场	金融市场低效率		▲	
		通货膨胀率变动			▲
		利率变动			▲
		汇率变动			▲
		市场需求不足			▲
		同质项目竞争			▲
		人力 / 设备价格上涨			▲
	自然	不可抗力			▲
		地质条件		▲	
		气候环境			▲
中观层风险	融资	融资可行性		▲	
		对投资者吸引力		▲	
		高融资成本		▲	
	设计	设计质量		▲	
		技术标准未通过		▲	
		后期设计变更		▲	

续表

层级		风险因素	政府方承担	社会资本承担	共同承担
中观层风险	建造	审批延误		▲	
		工艺 / 技术水平低下		▲	
		劳资 / 设备获取		▲	
		场地可及性		▲	
		土地使用	▲		
		工程合同变更			▲
		工期超期		▲	
		建设成本超支		▲	
		工程质量		▲	
		施工安全		▲	
		环境 / 文物破坏		▲	
	运营	运营费用过高		▲	
		维修更新成本过高		▲	
		运营效率低下		▲	
		运营收入不足		▲	
		收费标准变更		▲	
		运营安全问题		▲	

续表

层级		风险因素	政府方承担	社会资本承担	共同承担
微观层风险	关系	组织和任命风险		▲	
		责任风险分配不当			▲
		合作权利分配不当			▲
		合作中沟通不畅			▲
	第三方	分包商、供应商违约		▲	

五、社会资本方优势分析（略）

六、总结

本项目符合国家产业调整政策，市场前景看好。项目采用 360°绿色蔬菜质量控制体系，保证蔬菜 100% 符合国际绿色品质标准；通过引入蔬菜产业标准化管理体系和整体运营模式，使蔬菜生产走向标准化、信息化、品牌化、产业化，同时带动上下游产业链整合和延伸，促进整个产业稳健持续发展。本项目选择 PPP 模式符合国家对农业改革政策导向，能够减轻政府财政投入，实现社会资本与政府的优势互补，加快带动某市一二三产业深入联动发展，推进现代农业和旅游业深度融合发展。

某农业特色小镇 PPP 项目规划设计委托书

××公司（社会资本）：

2017 年 8 月至 2017 年 11 月，某镇人民政府与贵司经过友好洽谈和沟通，以及贵司实地考察，双方就某特色小镇（农业类）PPP 项目（以下简称“本项目”，投资暂估 35 亿元，红线范围及设计任务书以双方沟通确定为准）规划设计达成一致，从 2017 年 11 月 8 日起，贵司组织开展本项目规划及设计工作。

本项目设计须立足某镇特色农业、现代农业和未来发展规划、生态文明建设与可持续发展，并充分融入航天体验元素、旅游元素和社区功能，从功能定位、产业布局、土地利用、环境优化、生态保护、分期建设等方面统筹考虑，提出本项目“农业＋航天”“农业＋旅游”“互联网＋农业”等在国内独树一帜的建设方案，从而引导后期开发建设实施，并争取获得国家农业部门、财政部门和住建部门的重点支持和奖励。

一、项目设计范围及内容（不仅局限于以下项目）

（一）本项目概念性规划，红线范围以某市规划局确定为准。

（二）总体规划、详细规划及重点片区详细设计，项目内容、红线范围以后续出具的设计合同、工作任务书为准。

（三）针对此规划内容包含项目的后期景观、水利等三位一体设计内容。

二、设计取费及支付方式

（一）收费依据

中国城市规划协会《关于发布城市规划设计计费指导意见的通知》（2010 中规协秘字第 022 号）、国家计委《关于印发建设项目前期工作咨询收费暂行规定的通知》（计价格〔1999〕1283 号）、《工程勘察设计收费标准》（计价格〔2002〕10 号）

（二）计算方法

1. 参照国家标准中的基数，内插法计算得出。

2. 工程勘察类，由政府提供相关数据资料。

3. 可研类项目，其中专业调整系数按照标准中规定“水利”取 1.2 系数；工程复杂程度调整系数按照标准中规定取 1.2 系数，因可研涉及层面较多较复杂，无折扣。

4. 规划类项目，详细取费参见附件一。

5. 景观类项目，专业调整系数取 1.1；工程复杂程度调整系数取 1.15；附加调整系数取 1.0。

6. 设计收费按以上计算执行；无折扣。

（三）设计费用支付方式

1. 本项目概念性设计规划费用，由某镇人民政府直接签订规划合同并支付，总体规划费为　　万元，预付款30%，中间成果经委托人确认支付至70%，最终成果经委托人确认支付至100%。

2. 其他相关设计，包括但不限于总规、控规、修规、景观、水利等三位一体设计，支付方式同第一项。

3. 如贵司后期通过PPP流程招投标依法成立SPV公司或者与政府平台公司共同成立SPV项目公司，对于某镇委托贵司所做的规划设计工作，其费用由SPV项目公司负责向贵司代为支付。

4. 如2017年12月31日前贵司未能中标本项目，则由中标的社会资本向贵司支付本委托书和后期设计合同约定的设计费用。

四、其他

某镇人民政府相关部门配合贵司做好相关资料提供、测绘、地勘、物探等协助工作。

特此委托。

××镇人民政府

2017年11月7日

07

PPP：特色小镇优选模式

PPP 模式下，社会资本方的优势在于拥有雄厚的资金、先进的技术和丰富的管理经验，而特色小镇建设强调“产业、人文、旅游、社区”等各种要素的整合，需要大量的资金、技术和宏观策划能力、管控能力和运营能力。在我国经济发展进入新常态的背景下，地方政府面临较大的财政压力。此外，地方政府并不擅长技术和运营等微观事务。PPP 模式的优势正好可以弥补政府在特色小镇建设方面的不足。

特色小镇 PPP 项目投融资模式

近两年，我国特色小镇建设呈雨后春笋之势。研究发现，除了国家从顶层设计层面、各地方政府从政策层面大力推广特色小镇之外，地方政府的资金支持、社会资本和金融机构的积极参与也是不可或缺的因素。也就是说，特色小镇建设离不开资本的引领。

特色小镇需要外部资金支持

作为新型城镇化建设的重要载体，特色小镇受到国家的大力推广，并上升到国家战略的高度。但是，无论特色小镇在我国经济发展中的地位多么高，前景多么好，也无论特色小镇规划多么宏伟壮丽，设计多么引人入胜，关键还是要落地。也就是说，特色小镇关键还是要建成后产生经济社会效益，达到地方政府、社会资本和社会公众的预想目标。

不过，从笔者的调研情况来看，特色小镇虽然“看起来很美”，但实际推广的进度并不快，尤其在某些中西部地区“只听雷声不见雨下”，甚至有的特色小镇项目可行性研究做完两年多仍不见动静。那么，到底是什么原因致使特色小镇推广进度缓慢？推广特色小镇到底缺乏怎样的动力呢？

缺乏有效的投融资模式是其中的症结所在，这一点与目前 PPP 推广的窘境很相似。根据笔者多年操作 PPP 的实践经验，目前，我国 PPP 项目落地情况并不尽如人意。现实复杂且尴尬，PPP 热潮与较低的签约率并存。正所谓“兵马未动，粮草先行”，在 PPP 落地难的多方因素中，资金不足成为阻挡社会资本介入 PPP 项目的最大拦路虎之一。

笔者认为，特色小镇要行稳致远，关键还是要产业规划与投融资规划并行。

特色小镇投融资模式

概括来说，特色小镇建设的投融资模式主要有两大类：一类是政府以平台公司的模式投资建设。不过，随着 2014 年 10 月 2 日国务院发布《国务院关于加强地方政府性债务管理的意见》（国发〔2014〕43 号），明确提出“剥离融资平台公司政府融资职能，融资平台公司不得新增政府债务”。该文件对地方债务开启了严监管模式，使地方政府融资能力大幅受限。另一类是各类社会资本以 PPP 模式参与投资模式。

从国家对特色小镇建设的要求来看，“政府引导、企业主体、市场化运作”是对特色小镇建设的关键指导。理解这几个字的含义，就是政府搭建事业平台，为特色小镇建设提供服务（重点是小镇的定位、规划和建设运营监督）。在特色小镇的建设中，投资、建设、运营主体应该是通过市场化的手段引进的实体企业和各类社会资本，而非政府部门。

在国家大力推广 PPP 模式的当下，我国特色小镇建设主要以 PPP 模式操作，即地方政府与中选优质的社会资本合作，社会资本或政府方出资代表与社会资本组建的 SPV 项目公司负责特色小镇的投融资、建设和运营。具体的投融资模式主要包括商业银行信贷资金、开发性银行政策资金、政府贴息、各类基金、ABS 资产证券化等（见表 7–1）。

表 7-1　特色小镇 PPP 项目主要投融资模式

模式	主要内容
银行贷款模式	PPP 项目最常见的融资模式就是银行贷款，其中有单个银行贷款和银团贷款等形式。近几年来，国内多地银行参与 PPP 项目，不管是高铁项目、水利项目、区域整治等均成为项目的热点。 作为 PPP 模式的重要参与者，商业银行承担着综合化的融资服务角色，一是为 PPP 项目提供良好的金融资源，二是参与项目的设计、开发等顾问服务。商业银行为项目提供包括投行、保险、融资租赁、债券等在内的多元化的融资服务咨询，协调与当地政府的关系，为项目提供全流程服务，实际上最终的受益者也包括商业银行自己。
基金模式	鉴于 PPP 项目中社会资本资金不足，国家倡导设立中央级和省级引导示范性 PPP 股权投资基金。2014 年以来，多地成立对接 PPP 的产业基金，其中大约吸引了 3 500 亿～ 4 000 亿元的银行资金。 PPP 基金的分类有多种：按照基金的组织形式的不同，可分为公司型基金、有限合伙型基金和契约型基金； 按照设立目的的不同，可分为政府引导型基金和社会资本融资型基金； 按照基金投资直接性和间接性区分，可分为母基金和子基金； 按照投资的项目所处时间点的不同，可分为新项目建设基金和债务置换基金； 按照基金投资实质风险分担的不同，可分为债权（明股实债）型基金和同股同权型基金。
信托计划	目前，国内信托公司正深度参与 PPP 并呈现多元化特点，形成包括直接参与项目、组建联合体、成立产业基金等。信托公司参与 PPP 项目主要模式在理论上有以下三种： 第一，权益投资方式。即信托公司发行信托计划，将所募集资金用于 PPP 项目公司，享有特许经营权、收益权等能带来稳定现金流的权益。 第二，信托贷款方式。即信托公司发行信托计划，将所募集资金用于向项目公司提供贷款，由 PPP 项目公司或公司股东提供还款来源以及担保措施。 第三，股权投资方式。即信托公司和政府、社会资本合作，共同成立 PPP 项目公司，直接以股权投资的方式为 PPP 项目融资，通过 PPP 项目按入股比例分红回收投资。这种模式对信托公司全面识别风险能力以及就风险分担机制与政府谈判能力的要求最高。且由于 PPP 项目期限长而收益较低的特征，信托公司可能需要撮合保险、银行等长期低成本资金开展业务。

续表

模式	主要内容
资产证券化	资产证券化作为市场化的债务融资工具，不仅可以为 PPP 项目提供再融资，还可以实现 PPP 项目的规范管理。资产证券化对 PPP 模式发展的意义主要体现在以下三个方面： 一是有利于提高 PPP 项目资产流动性； 二是有利于规范 PPP 项目，有利于倒逼 PPP 项目依法合规运作、保证工程质量、提高运营水平、规范内部管理； 三是有利于通过市场机制对 PPP 项目的回报率进行合理确定。
融资租赁	融资租赁又称设备租赁或现代租赁，是指实质上转移与资产所有权有关的全部或绝大部分风险和报酬的租赁。作为一种金融工具，融资租赁能够有效解决公共基础设施建设项目一次性投入过大、沉淀成本过高等问题，对盘活存量资产，提高固定资产和财政资金的使用效率，更好地发挥投资对国民经济的拉动作用以及改善公共服务具有重要意义。通常情况下，融资租赁参与到 PPP 项目中的主要操作流程为： 第一，政府平台机构与社会资本签署合作协议共同设立 SPV 公司，政府平台机构可以资产方式出资。另一种方式为社会资本以现金形式出资，单独成立项目公司。 第二，融资租赁公司与 SPV 公司或社会资本项目公司签订设备买卖合同、融资租赁合同。 第三，融资租赁公司向银行申请保理贷款。 第四，银行向融资租赁公司发放贷款。 第五，融资租赁公司向 SPV 公司或社会资本项目公司支付设备购买价款。 第六，SPV 公司或项目公司到期归还租赁公司本金以及利息。 第七，融资租赁公司到期归还银行本金以及利息。
发行债券	特色小镇项目公司在满足发行条件的前提下，可以在交易商协会注册后发行项目收益票据，可以在银行间交易市场发行永（可）续票据、中期票据、短期融资债券等债券融资，也可以经国家发展改革委核准发行企业债和项目收益债，还可以在证券交易所公开或非公开发行公司债。

续表

模式	主要内容
供应链融资	供应链融资是把供应链上的核心企业及其相关的上下游配套企业作为一个整体，根据供应链中企业的交易关系和行业特点制定基于货权及现金流控制的整体金融解决方案的一种融资模式。供应链融资解决了上下游企业融资难、担保难的问题，而且通过打通上下游融资瓶颈，还可以降低供应链条融资成本，提高核心企业及配套企业的竞争力。在特色小镇融资中，可以运用供应链融资模式的主要是应收账款质押、核心企业担保、票据融资、保理业务等。

特色小镇 PPP 遇 92 号文和资管新规

“兵马未动，粮草先行”说的是后勤保障的重要性，古代战争打的是什么？从根本上说打的就是粮草，是军需。如果没有可靠的后勤保障，军心不稳，即使战略战术再高明也无济于事。官渡之战曹操为什么能以少胜多、以弱胜强？其关键也是曹操奇袭了袁绍在乌巢的粮仓，继而击溃袁军主力，此战奠定了曹操统一中国北方的基础。说到特色小镇建设，一个非常关键的因素就是资金必须充足。否则，无论投资者是地方政府还是社会资本，都千万别动这个心思。

目前，我国相当多的特色小镇是以政府和社会资本合作（PPP）模式开发的，调研发现，有许多社会资本在“拿下”特色小镇项目后却面临进退两难的境地：一方面，按照合同约定，地方政府反复催逼社会资本尽快动工建设，而且严格按施工进度考核，否则，便要收回社会资本招拍挂或租赁的土地。另一方面，社会资本的资本金由于种种原因迟迟无法实缴到位，后续建设资金的融资也遥遥无期，哪有什么资金进行工程建设？而更为严峻的是，在“重点防范金融风险”的国家政策导向下，前有财政部规范风暴控制地方债务风险，后有资管新规等掐断资本金名股实债的融资老路，使得此前社会资本玩得顺风顺水的融资手段失灵了。

92 号文令银行观望

自 2014 年下半年开始，我国掀起 PPP 的热潮。[1] 三年后的 2017 年 PPP 迎来规范风暴，财政部先后下发《财政部　农业部关于深入推进农业领域政府和社会资本合作的实施意见》（财金〔2017〕50 号）、《财政部关于坚决制止地方以政府购买服务名义违法违规融资的通知》（财预〔2017〕87 号），严禁地方政府利用 PPP、政府出资的各类投资基金等

---

[1] 截至 2017 年 12 月末，全国政府和社会资本合作（PPP）综合信息平台收录管理库和储备清单 PPP 项目共 14 000 多个，总投资额 18.2 万亿元，同比上年末分别增加 3 100 多个、4.7 万亿元，增幅分别为 28.1%、34.8%。

方式违法违规变相举债及以政府购买服务名义违规融资；11 月，财政部印发了《关于规范政府和社会资本合作（PPP）综合信息平台项目库管理的通知》（财办金〔2017〕92 号，以下简称“92 号文”），并明确三类项目不得入库，七种项目必须清除出库。

针对当前部分 PPP 项目融资不到位、开工落地难，以及社会资本未实际出资或未按规定足额出资，推高项目杠杆率，降低项目公司风险抵御能力的问题，92 号文在加强项目融资管理方面采取了以下举措：一是要求社会资本按合同约定落实项目债权融资义务，防止项目因融资不能及时足额到位而搁置甚至失败。二是要求政府和社会资本双方均应严格执行国家关于固定资产投资项目资本金管理的有关规定，按时足额缴纳项目资本金，不得以债务性资金充当资本金，防止因资本金“空心化”，导致社会资本长期运营责任的“虚化”，加剧重建设、轻运营现象（下文有详细论述）。三是要求社会资本的股份不得由第三方代持，遏制当前部分社会资本中选后自行指定其关联企业、子公司、基金等第三方代为履行出资义务，以及部分联合体参与方只承揽项目施工或设计任务、不实际出资入股等不规范操作现象，确保社会资本选择程序的严肃性、公正性，夯实社会资本的投资建设运营责任。

92号文令PPP项目最大的资金方银行转为观望。由于是否能够入库是判断PPP项目的投资标准之一，多数银行纷纷暂停PPP项目贷款。2018年初，圈内热传某国有银行全面暂停PPP项目贷款，“先暂停，后清理，再规范。已发文。”一时间令PPP行业风声鹤唳，担心暂停PPP贷款的做法有增多之势。

资本金穿透问题

“资本金穿透”是财政部相关负责人在2017年11月初的一个公开论坛中提出的，即一些地方、一些项目出现了自有资金实力不足的现象，举债借贷参与PPP，小股大债叠加风险。资本金之外可以去融资，但资金结构必须合理。不少社会资本自有资金实力不足，“穿透”看资本金都是借款，“小马拉大车”。社会资本难以分担长期的风险，PPP机制难以发挥应有作用。“要求对资本金做真正的穿透，而不要让政府所谓的各种公共性的基金、投资性的基金小马拉大车，更不要让社会的资本参与方用借来的钱作为资本金，再用银行的钱做运营。”

分析认为，资本金穿透的关键是资本金不能用债务资金。资本金穿透带来的好处显而易见：一是避免高杠杆带来的金融风险，PPP项目一旦失败，最终的不利结果还是要由地方政府来承担，这是政府不愿意看到的；二是社会资本方的资本金是以贷款、名股实债方式募集，而不是按规定以自有资金出资，导致无法实现PPP模式利益共享、风险共担的目的，也就是说风险大部分都由政府一方来承担，社会资本方有“空手套白狼”的嫌疑；三是克服一直为行业所诟病的社会资本“重建设轻运营”的弊端，社会资本真金白银出资后，既会重视工程的建设质量，也会重视项目后期的运营效果，否则单靠前期工程是无法实现社会资本投资回报的；四是倒逼金融机构以真正的股东身份投资PPP，在承担风险的同时，获得分红和股权回报，而不是以债权形式获得固定回报。

资管新规堵死名股实债模式大门

一波未平，一波又起。就在92号文令银行业金融机构犹豫不决、社会资本也持观望态度时，又一监管新规令PPP融资面临寒冬。2017年11月，中国人民银行、银监会、证监会、保监会、国家外汇管理局发布《关于规范金融机构资产管理业务的指导意见》。五部委发布的资管新规[1]和

[1] 五部委发布的《金融机构资管指导意见》（征求意见稿）规定，资产管理产品直接或者间接投资于非标准化债权类资产的，非标准化债权类资产的终止日不得晚于封闭式资产管理产品的到期日或者开放式资产管理产品的最近一次开放日。

基金业协会发布的《私募投资基金备案须知》[1]的直接后果是：社会资本企图以名股实债方式融资的大门被关上。

众所周知，PPP 项目一般涉及两层杠杆，第一层是以少量资本金投资撬动信贷，即项目贷款，第二层是项目公司资本金杠杆。由于 PPP 项目融资额较大，资本金融资通常会引入金融机构进行配资，这部分资金则会以固定收益回报、股东借款等形式出现，社会资本以少量资金充当劣后级，即“名股实债”。名股实债模式在财政部等部委出台的多份文件里被频繁“点名”但仍屡禁不止。然而，上述资管新规和私募新规要求“不得期限错配”等，将名股实债模式直接挡在门外。

回到特色小镇推进这个问题上。我们知道，特色小镇与一般的 PPP 项目相比，其投资规模更大，一般需要 30 亿 ~ 50 亿元，投资、建设和培育需要数年的时间才见成效。可以说，特色小镇建设需要钱、运营需要钱，且不是三五千万就能搞定的。以一个简单的文旅小镇为例，启动资金最少也需要三亿元以上，更别说战略新兴产业小镇、历史经典产业小镇等大手笔的小镇开发了。

---

[1] 基金业协会《私募投资基金备案须知》明确，私募投资基金获取风险性投资收益的投资活动不是借贷活动；私募基金不得开展或者参与任何形式的“资金池”业务，不得存在短募长投、期限错配、分离定价等违规操作。

所以说，做特色小镇，没有一定的资金实力最好别碰。从某种程度上讲，特色小镇是用钱“砸”出来的，对资金的要求相当大，风险也相当大。当然，一旦打造成功，特色小镇的回报也是相当丰厚的。

特色小镇的开发模式与房地产不同

调研中有一种观点认为，特色小镇可以借鉴房地产模式，即只需要有前期的启动资金即可。显然这在现实中是行不通的。

特色小镇集产业、人文、旅游、社区多项功能于一体，很显然，也涉及房地产的开发。但是，特色小镇开发与房地产开发不同：传统的房地产开发模式下，只要缴清土地款，就可以靠施工单位的垫资和预售滚动开发，也就是说，缴清土地款后，在房子盖好之前，房地产公司是不需要投资大量资金的，甚至会提前“销售”。特色小镇开发则不同，其虽然也有部分房地产（主要是社区的学校、图书馆、医院、养老院、公寓楼以及别墅等），但小镇绝不能“房子先行”，房子只是作为小镇的配套项目，真正的建设还是要先做产业、打造生态环境，这与房地产公司跑马圈地的开发模式完全不是一个概念，是需要雄厚的资金做保障的。不仅如此，房地产公司在一个地方建完房、卖完房后，再去另一个地方复制，特色小镇的开发者则需要“留下来”，继续做小镇的运营管理，运营也同样需要大量的资金投入。

特色小镇 PPP 项目的合同体系

PPP 合同法律体系是操作 PPP 项目的核心要素，凡是进入 PPP 领域的参与主体，都必须对 PPP 项目合同体系进行深入细致的研究。根据 PPP 项目的合作主体以及设计、投资、融资、建设、运营和维护流程，PPP 合同体系主要由各个基本合同构成。PPP 基本合同通常包括 PPP 项目合同、股东协议、融资合同、履约合同、服务合同和保险合同等。目前，我国特色小镇通常以 PPP 模式在操作，因此特色小镇 PPP 项目也是一个法律体系。

PPP 项目合同

PPP 项目合同主要是指政府和社会资本之间签订的合作合同，是其他合同形成的基础，也是整个 PPP 项目合同体系的基础和核心。2014 年 12 月国家发展改革委《PPP 项目通用合同指南》规定："PPP 项目合同是指政府主体和社会资本依据《中华人民共和国合同法》及其他法律法规就政府和社会资本合作项目的实施所订立的合同文件。”2014 年 12 月，财政部《PPP 项目合同指南》指出：“PPP 项目合同是指政府方（政府或政府授权机构）与社会资本方（社会资本或项目公司）依法就 PPP 项目合作所订立的合同。”需要说明的是，PPP 项目既可以成立项目公司，也可以不成立项目公司。PPP 项目公司又分为两种，一种是社会资本根据项目本身的需要单独成立 PPP 项目公司，一种是政府与社会资本共同成立 PPP 项目公司，这种情况下政府并不占有控股地位。如果 PPP 项目需要成立 PPP 项目公司，社会资本更倾向于与政府共同成立。在社会资本看来，PPP 项目公司有了政府的参与，在项目未来的融资、建设、运营乃至维护中，社会资本更有“底气”，认为政府与自己是利益共同体，无论是行政审批还是政府财政补贴风险都更小。

特色小镇 PPP 项目具有投资规模大、合作周期长的特点，一般情况下，特色小镇 PPP 项目会成立 PPP 项目公司。

特色小镇 PPP 项目合同规定了项目风险在政府方与社会资本之间的合理分配，明确了各方的权利义务关系，以确保项目能在全生命周期内得到顺利实施。图 7-1 展示了某特色小镇 PPP 项目合同结构。

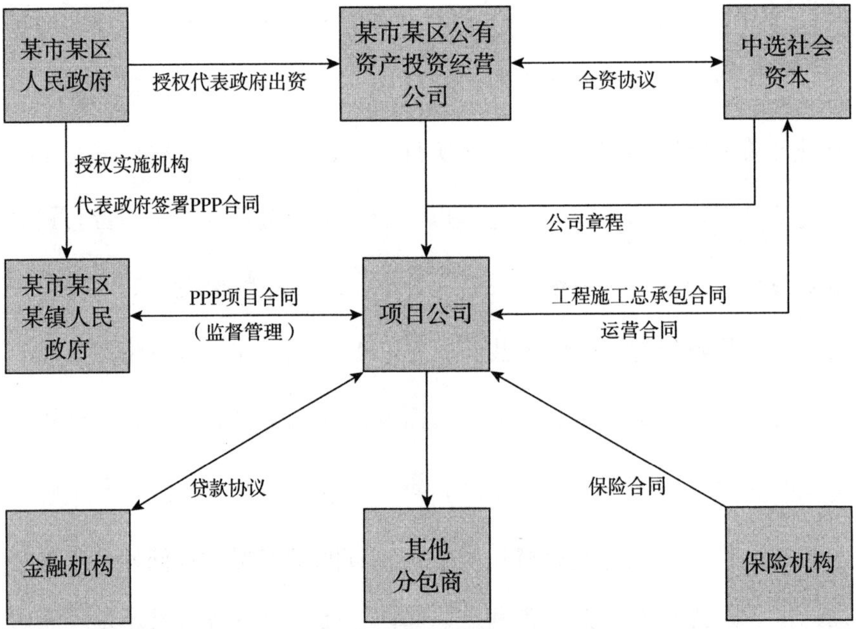

图 7-1　某特色小镇 PPP 项目合同结构图

融资贷款合同

PPP 模式之所以得到大力推广，一个关键的因素是解决了“钱”的问题，即政府借助社会资本的力量完成基础设施建设和公用事业项目建设。不过，PPP 项目都是基建项目和社会公益类项目，工程量大，投入资金多，动辄上亿元甚至十亿、几十亿元，大的项目更是高达百亿元。相比单体的 PPP 项目（如污水处理厂、垃圾处理厂、市政道路、医疗养老机构等），特色小镇规模更大（一般在30亿～50亿元）、子项目更多（含前述的污水处理厂、垃圾处理厂、市政道路、医疗养老机构、图书馆、学校等，有的特色小镇子项目甚至达上千个），因此，即使是资金实力强大的社会资本，在投资特色小镇PPP项目时，要利用自有资金完成几十亿的项目也不太现实，还需要向银行等金融机构融资。在这种情况下，就需要社会资本或PPP项目公司与金融机构签订贷款合同。

特色小镇PPP项目贷款合同也包括多个子合同。换句话说，融资贷款合同也是整个PPP合同框架下的一个小的“合同体系”，除社会资本或PPP项目公司与金融机构贷款方签订的融资贷款合同外，还包括担保人（主要为社会资本的股东方、PPP项目公司）就项目贷款与金融机构贷款方签订的担保合同、PPP项目公司以项目未来收益权做抵押与金融机构贷款方签订的抵押合同（考虑到贷款的安全性，金融机构往往要求社会资本或项目公司以项目的未来收益权作为抵押或质押）、以项目融资为标的第三方机构与金融机构贷款方签订的担保合同以及社会资本或PPP项目公司与第三方机构签订的反担保合同等多个合同。

履约合同

特色小镇PPP项目履约合同主要包括工程设计合同、工程承包合同、原材料供应合同、运营服务合同，这些合同是特色小镇 PPP 项目合同进入实质操作阶段后，社会资本或项目公司根据项目公司建设和运营的需要而与相关方签订的一系列合同。具体主要包括以下合同：

工程设计合同。工程设计合同是基于项目建设需要，由社会资本或 PPP 项目公司与设计院、技术设计单位签订的合同。

工程总承包合同。PPP 模式下社会资本或 PPP 项目公司的角色是多重的：既可以是投资方，也可以是工程总承包方，通常在 PPP 项目招投标阶段就已经确定（前提是公开招标，以“两标并一标”的方式中标 PPP 项目并获得工程总承包权利）。另一种特殊的情况是，社会资本或 PPP 项目公司本身不一定具有工程总承包合同的资质，这时就需要将工程设计、采购、建设工作等委托给具有相应资质的工程承包商。

运营服务合同。PPP 模式与传统的 BT、EPC 模式相比，一个明显的特征是具有运营的功能。从某种程度上讲，政府之所以选择与社会资本合作，并不仅仅是因为政府财政压力大、缺钱，更重要的是看中社会资本的技术实力和管理能力，需要借助社会资本的技术实力和管理能力提高 PPP 项目的运营效率，转变政府职能。调研发现，在目前我国特色小镇的推广中，地方政府对 PPP 模式的认识越来越科学，越来越将特色小镇的运营作为项目的重点，越来越考量社会资本的运营能力，而不再像以前那样唯资金实力是从。

应该说，这是一个可喜的进步，这才是真正抓住了特色小镇 PPP 项目的核心与本质。特色小镇 PPP 项目合同期限长达几十年，项目建设期只有短短几年，最为关键的还是漫长的运营期。换句话说，多个社会资本中，具有资金实力并不意味着有运营实力。只有资金实力和运营实力兼具的社会资本才是地方政府钟爱的对象。而从社会资本的角度讲，有的社会资本本身就具有超强的运营能力，有的社会资本运营能力较弱，在这种情况下可以采取与运营实力强的社会资本组建联合体。有的社会资本为达到降低运营成本增加利润的目的，有时会将项目全部或部分运营和维护事务外包给有经验的专业运营商，并与之签订运营服务合同。在这种情况下，政府与社会资本所签订的 PPP 项目合同一般会约定运营维护事务的外包需要事先取得政府方的同意，且社会资本的运营和维护义务并不会因为将运营维护事务外包而豁免。

保险合同

鉴于特色小镇 PPP 项目资金规模大、生命周期长，社会资本或 PPP 项目公司以及其他相关参与方通常需要对项目融资、建设、运营等不同阶段不同类型的风险分别进行投保以分担风险，实践中投保产品主要包括货物运输险、建筑工程险、第三人责任险等。

其他合同

特色小镇PPP模式中除了政府、社会资本、金融机构等主角外，不可或缺的还有中介机构的大力配合与支持。无论政府一方还是社会资本，一般均需要咨询、法律等中介机构提供支持，以便更加科学地实施PPP项目。因此，政府、社会资本或PPP项目公司与专业中介机构签订的投资、法律、财务等方面的咨询服务合同，也是PPP合同体系中重要的一环。事实上，中介机构是我国PPP模式推广、PPP项目落地的战略版图中不可或缺的组成部分。

特色小镇PPP项目的风险分配

采用PPP模式的特色小镇项目是一种特许经营项目，即政府与社会资本以“特色小镇”为合作载体，在PPP模式下确定交易架构、约定双方的权利义务关系、确定收益和风险分配以及成立PPP项目公司等。风险分配是特色小镇PPP项目的核心问题之一。

PPP模式降低和分散特色小镇建设和运营风险

降低特色小镇建设风险

在特色小镇建设中采用PPP模式时，政府引进的通常是资本雄厚、技术先进、管理经验丰富等综合实力强的社会资本。政府和社会资本约定各自的权利和义务，能够降低和分散多方面的风险：地方政府按照PPP法规政策履行招投标手续[1]引进优质社会资本参与特色小镇建设；社会资本凭借其较强的综合实力和风险控制能力，提高特色小镇建设过程中的整体风险控制能力。

降低特色小镇运营风险

PPP是特色小镇建设融资和运营管理的重要模式：一方面，化解地方政府债务风险、缓解政府财政压力和拉动国家经济快速增长；另一方面，负责社会公共职能的政府通过引入优质的社会资本，将社会资本的先进技术和丰富的管理经验运用到PPP项目中，在降低项目建设成本的同时，还提高了公共服务的运营效率和质量，提高了人民群众的生活质量。据美国环保部门估算，环境基础设施的运营成本，社会资本要比

---

[1] 目前，财政部、国家发展改革委以及相关部门都相继出台了一系列有关PPP项目的政策措施，部分地方政府也出台了相应的配套政策，在制定交易规则方面，在市场化条件下，为了与最适合项目本身的社会资本合作，政府在公开招标、签订特许经营权协议方面，严格遵循“公开、公平、公正”原则。“公开”即要求PPP项目招投标、特许经营权协议在订立过程中严格按照国家法律法规执行，做到程序透明、内容公开，减少或杜绝政府在上述过程中滥用职权。“公平”就是政府要公平对待每一个合同相对方，使每个相对方都有获得合同的同等权利和机会，最终寻找到最适合项目本身、有实力的社会资本。“公正”就是要求政府与社会资本的合作洽谈，做到程序和内容上的公正。

公共部门低 10% ~ 20%。

特色小镇 PPP 项目的风险分配

“风险共担，利益共享”是 PPP 模式的重要特点，这一点在特色小镇建设和运营上也不例外。具体在 PPP 项目的风险分配上，财政部《关于印发政府和社会资本合作模式操作指南（试行）的通知》（财金〔2014〕113 号）做了规定：按照风险分配优化、风险收益对等和风险可控等原则，综合考虑政府风险管理能力、项目回报机制和市场风险管理能力等要素，在政府和社会资本间合理分配项目风险。原则上，项目设计、建造、财务和运营维护等商业风险由社会资本承担，法律、政策和最低需求等风险由政府承担，不可抗力等风险由政府和社会资本合理共担。下面以某文旅小镇 PPP 项目为例加以说明（见案例 7–1）。

【案例 7–1】

江苏某文旅小镇

一、基本情况

某文旅小镇（以下简称“江苏项目”）位于江苏某市。江苏项目拟打造成高端、休闲养生、医养结合、养博会展、生态宜居、旅游度假的胜地，以“旅游度假、医养结合、健康养生、运动休闲、观光体验、养博会展、生态宜居、商服配套”八大体系为支撑，跨界整合、创新模式、相互依托、综合开发，为游者提供丰富多彩的体验式景观环境；为居者提供滨水、依山、观海、近城的生态宜居环境；为长者提供全生命周期的持续照料服务；为家庭提供代际交流、亲子游憩的亲情欢乐空间；为商家提供大流量的高端消费客户群；为健康产业集群提供全方位的平台。本项目静态总投资约16亿元，总占地面积约2平方公里。

二、股权情况

江苏项目中，某市人民政府授权出资代表某市公有资产投资经营公司与社会资本共同组建项目公司，其中政府方占股比例为10%，社会资本方占股比例为90%。

三、资金来源

江苏项目资金来源包括股权资金与债权资金。股权资金即项目公司注册资本金，项目公司资本金比例为20%，共计3.2亿元。债权资金即项目公司通过股东借款、金融机构贷款等融资渠道筹得以弥补投资总额和注册资本之间差额的资金。

四、合作期限

江苏项目合作期共23年（含建设期，建设期为36个月），自本项目完工验收日或者本项目实施机构与项目公司双方书面确认的其他日期起次日进入运营期，运营期限为20年。

五、风险分配

江苏项目风险分配机制如表7-1所示。

表 7-1　本项目主要风险分配

风险类别		共同承担	政府承担	项目公司承担	主要风险承担方式及对策建议
建设风险	地质条件			√	建造、技术、采购、工程治理等风险由项目公司承担，政府方可要求项目公司购买有关的商业保险等，同时通过监理、项目管理单位、直接协议监管等方式加强过程监督。因征地拆迁、土地交付或水电等配套安排等原因导致项目无法开工或工期延误的风险，由政府方承担，并给予社会资本必要的宽限或补偿。考古文物保护的风险由双方共担。项目公司承担项目运营职责，运营过程中的一系列风险主要由项目公司承担；建议在相关合同中明确日常养护的条款；明确绩效标准并与付费严格挂钩；要求购买有关商业保险；政府加强日常考核和定期绩效评估。
	项目公司提出工程变更			√	
	建造 / 采购成本超支			√	
	完工风险			√	
	建设质量不达标			√	
	工地安全 / 环境保护			√	
	技术缺陷			√	
	征地拆迁		√		
	土地不能及时交付		√		
	水电等配套安排		√		
	考古文物保护	√			
	调试运行			√	
	设备设施故障			√	
	运营维护成本超支			√	
	服务质量不达标			√	
	运营商违约 / 提前终止			√	
	恢复性大修			√	
	安全管理			√	
	环境保护			√	
	融资失败			√	

续表

风险类别		共同承担	政府承担	项目公司承担	主要风险承担方式及对策建议
财务风险	融资成本高			√	社会资本方股东应该承诺在市场化融资失败时，提供股东借款或股东担保等方式，确保融资成功。通货膨胀等宏观经济风险由政府承担；财政补贴等与政府财政相关的风险由政府承担。
	利率变化			√	
	偿债风险			√	
	项目公司破产			√	
	经营收益变动			√	
	通货膨胀		√		
	财政补贴		√		
政府行为风险	征收 / 征用		√		由于征收 / 征用、审批延误、政府提出工程变更、政策 / 法律变更、政府违约 / 提前终止等政府行为风险造成项目公司发生损失时，将由政府给予一定的补偿。政府方承担政治不可抗力风险，尊重契约、加强长效机制建设。
	审批延误		√		
	政策 / 法律变更		√		
	政府提出工程变更		√		
	政府违约 / 提前终止		√		
	政治不可抗力风险		√		
自然不可抗力风险	自然不可抗力导致工程变更 / 损失	√			政府与项目公司共同承担由于自然不可抗力导致的无法预见、无法避免、无法控制、不可保险的事件所带来的工程变更或损失的风险。政府可要求社会资本购买商业保险转移一部分自然不可抗力风险，同时约定应急处置程序，将损失控制到最低限度。

落地案例篇

08

江西某家居小镇 PPP 项目实施方案

项目背景与概况

项目背景（节选）

家具行业作为江西省某地区的支柱产业，历经三十多年的成长，形成了集加工制造、销售流通、专业配套、家具基地等于一体的产业集群，是该地区的首位产业、扶贫产业和富民产业，在江西省乃至全国都有一定的影响力。

该地区近年来同样遭遇了家居设计人才缺乏、生产方式粗放化、规模以上企业占比不高、行业缺乏领导品牌、产业链不完善等发展瓶颈。为实现家具产业升级转型，该地区政府将结合当前特色小镇良好的政策环境，规划建设国际家居特色小镇，通过整合经济、生态与社会协同发展促进该地区全面可持续发展。

项目概况

（1）项目名称。

江西某地区家居小镇 PPP 项目（以下简称“江西项目”）。

江西项目包含2类子项目，分别为：

子项目1：江西某地区家居小镇建设项目；

子项目2：周边基础设施配套市政道路工程。

（2）项目类型。

新建项目。

（3）建设内容及规模。

子项目1：江西某地区家居小镇建设项目。

江西某地区家居小镇以家具创意设计、展示体验、品牌运营为主导产业，带动形成以家具创意中心、数字中心、VR展示中心等为主体的家具文化与配套产业，以及以文化街、民俗街、酒吧茶吧书吧等为主体的文化旅游产业，逐步形成功能完善、配套齐全、文化氛围浓厚的家具创意与体验特色小镇。结合所在地区家具产业优势、城镇建设区位优势和生态人文优势，实现“1+7”的定位目标，“1”即打造天下家居第一镇；“7”即实现7个目标：世界家具创新创业生态园、世界最大的实木家具智造（出口）基地、中国最大的木屋群家居体验游购基地、中国最大的家居研发设计总部基地、中国最大的家居O2O总部基地、产城融合创新示范基地、民生共享的木匠文化（中国匠人）精神家园。

家居小镇主要规划功能有世界风情家具体验园、家具文化博览园区、沿河的滨水休闲旅游带。本子项目遵循整体规划、循序渐进、持续发展的原则，实施开发建设，按照特色小镇定位要求、生态环境特征、空间整体形态，以及与周边环境的相互关系进行规划设计及建设，项目建设内容主要由以下几部分构成：

■ 家居生态体验配套功能组团：规划用地面积 264 225m^2，规划总建筑面积 150 000m^2；

■ 中央家具产业核心组团：规划用地面积 904 732m^2，规划总建筑面积 134 600m^2；

■ 文化旅游组团：规划用地面积 677 131m^2，规划总建筑面积 25 000m^2。

子项目 2：周边基础设施配套市政道路工程。

（4）项目资金来源。

江西项目资本金为项目总投资的 20%，即 74 798.17 万元。中选社会资本与政府方授权出资代表的出资比例为 90%∶10%，其中，中选社会资本出资 67 318.35 万元，政府方授权出资代表出资 7 479.82 万元。

江西项目所需的除项目资本金以外的其余资金由项目公司申请银行贷款或通过其他融资渠道解决，约为 299 192.68 万元。项目资金筹措情况见表 8–1。

表 8-1　江西项目资金筹措表

单位：万元

序号	江西项目	合计	年份		
			2017	2018	2019
一	项目总投资	373 990.84	134 088.72	188 391.14	51 510.98
1	建设投资	346 680.28	132 577.54	178 100.09	36 002.65
2	建设期利息	27 310.56	1 511.18	10 291.06	15 508.32
二	资金筹措	373 990.84	134 088.72	188 391.14	51 510.98
1	资本金（SPV）	74 798.17	26 817.74	37 678.23	10 302.20
1.1	中选社会资本股权投资	67 318.35	24 135.97	33 910.41	9 271.98
1.2	政府方股权投资	7 479.82	2 681.77	3 767.82	1 030.22
2	银行贷款	299 192.68	107 270.98	150 712.92	41 208.78
2.1	建设投资贷款	299 192.68	107 270.98	150 712.92	41 208.78

说明：上表数据因各数据小数点后四舍五入原因导致数据加总后小数点后位数有细微偏差。

风险分配基本框架

风险分配基本原则

风险分配优化原则

政府和社会资本之间实现最优风险分配，需要根据每个参与方对风险的承担能力与控制能力来划分，一般由对风险最有控制力的一方承担相应风险。为了使项目实现“双赢”或“多赢”，降低风险发生概率和风险控制成本，合理分配项目风险是保障项目顺利进行的充分条件。

风险收益对等原则

在风险分配时，遵循风险与收益对等原则，从而使 PPP 项目对所有的参与方都有吸引力，在项目风险分配过程中，政企双方既关注合同主体对风险管理成本和风险损失的承担，又尊重其获得与风险相匹配的收益水平的权利。风险分配的结果可以使双方对自己的行为持谨慎态度。

风险可控原则

一般情况下，PPP 项目实施周期较长，一些政企双方都无法预料的风险变化可能会出现，导致风险发生概率上升或财务损失增加。在风险分配时，应根据参与方的资金、技术、管理能力等因素设定风险损失承担的上限，避免由某一方承担超过其承受能力的风险。

风险要素

风险的识别与合理分配是成功运用 PPP 模式的关键。本项目的主要风险有项目审批风险、设计风险、资金风险、融资风险、工程建设风险、运营风险、移交风险、政治和政策风险、不可抗力等。

风险分配流程

江西项目的风险分配流程如图 8-1 所示。

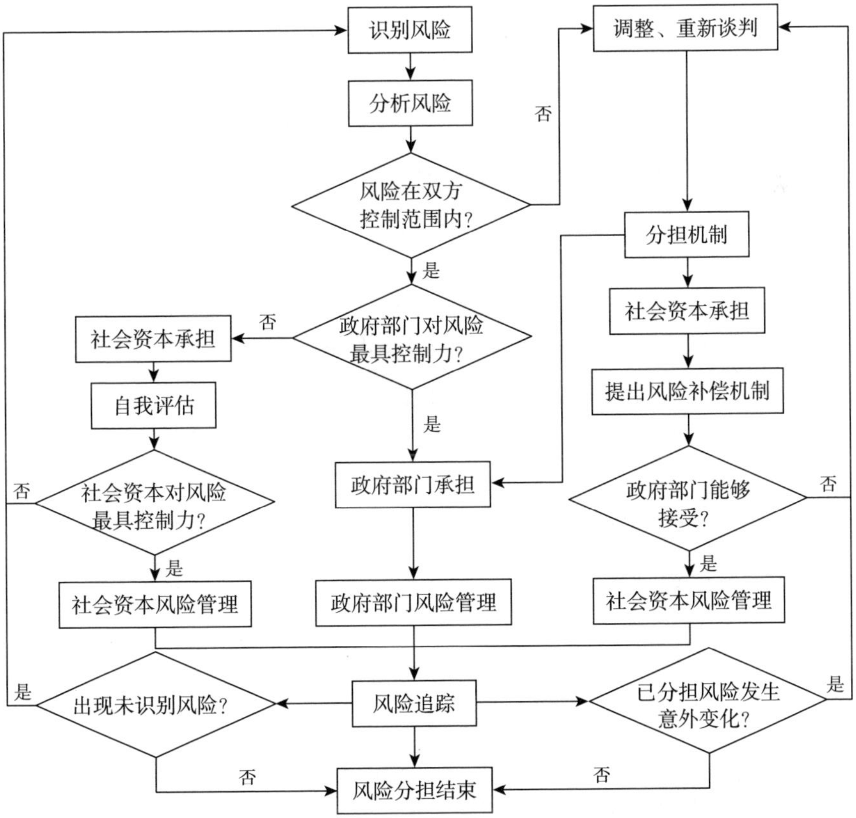

图 8-1 风险分配流程图

风险分配框架

按照风险分配优化、风险收益对等和风险可控等原则，综合考虑政府风险管理能力、项目回报机制和市场风险管理能力等要素，在政府和社会资本间合理分配项目风险。

原则上，项目融资、建造和运营维护等商业风险主要由社会资本承担，法律、政策等风险主要由政府承担，不可抗力等风险由政府和社会资本合理共担。政府和社会资本合理分配本项目风险，具体风险分配方式如表 8-2 所示。

表 8-2　风险分配框架表

风险因素分组	风险因素	政府	社会资本	共同承担	备注
项目审批	项目未通过立项审批	√			
	设计审批风险	√			
	施工准备手续、竣工验收工作导致的审批风险		√		政府方原因除外
设计	政府部门要求改变项目功能性要求	√			
	合同实施时，项目公司提出一个比较经济的施工方案，致使项目功能性要求改变		√		
	设计缺陷	√			

续表

风险因素分组	风险因素	政府	社会资本	共同承担	备注
融资	政府方资金未及时到位	√			
	社会资本资金未及时到位		√		
	融资未及时到位		√		项目审批手续不全除外
	因社会资本方原因导致的项目融资成本增加		√		
建设	项目征地拆迁及土地获取风险	√			
	项目建设内容及规模调减		√		
	投资控制风险		√		政府要求设计变更原因除外
	工程完工时间延后		√		非社会资本原因除外
	安全施工及技术、质量风险		√		政府方原因除外
	分包商 / 供应商违约		√		
	在基础工程施工时，项目用地范围内发现文物	√			
	缺陷与隐蔽缺陷		√		
	工程竣工验收未达标		√		政府方原因除外

续表

风险因素分组	风险因素	政府	社会资本	共同承担	备注
运营	缺陷责任期内的质量缺陷		√		
	维护成本高于预期		√		政府方原因除外
	经营收入严重低于预期		√		
	由于恐怖袭击、特殊灾害等事件而受到影响			√	
	政府方原因导致迟延支付可行性缺口补助	√			
移交	移交的资产不达标		√		
	合作期满后，项目仍可以继续工作且符合移交标准，但已经不能满足即时的新要求	√			
	资产征用	√			
政治和政府政策	国家、省、市出台新的行业政策、标准，进而导致设计发生改变			√	
	区本级出台新的行业政策、标准，进而导致设计发生改变	√			
	税收政策的变化			√	
	对当地政府主管部门授予项目公司的运营维护权进行追索	√			

续表

风险因素分组	风险因素	政府	社会资本	共同承担	备注
不可抗力	不可抗力			√	

项目运作方式

合作期限

江西项目合作期限约 17 年（建设期 2 年 + 运营期 15 年），各子项目分别进行工程竣工验收，完成竣工验收手续后分别进入运营期。因征地拆迁、管线迁移及不可抗力因素等原因导致的建设期延长，工期顺延；因中选社会资本原因造成工程延误的，按照《PPP 项目合同》约定承担工期延误的违约责任。各子项目运营期均为 15 年，不因工程提前完工或建设期顺延等而调整。具体约定详见《PPP 项目合同》。

项目运作方式选择

江西项目运作方式如图 8–2 所示。

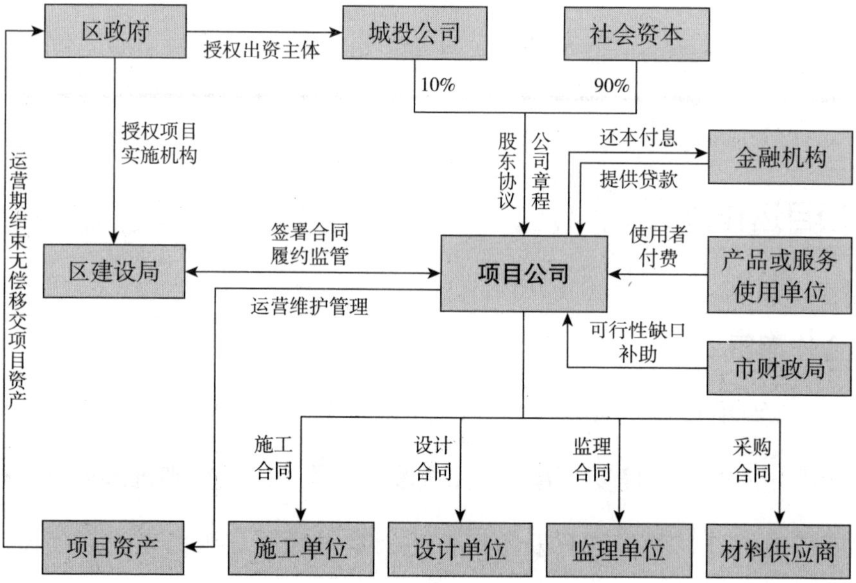

图 8–2　项目运作方式示意图

项目运作流程

江西项目的运作流程如图 8-3 所示。

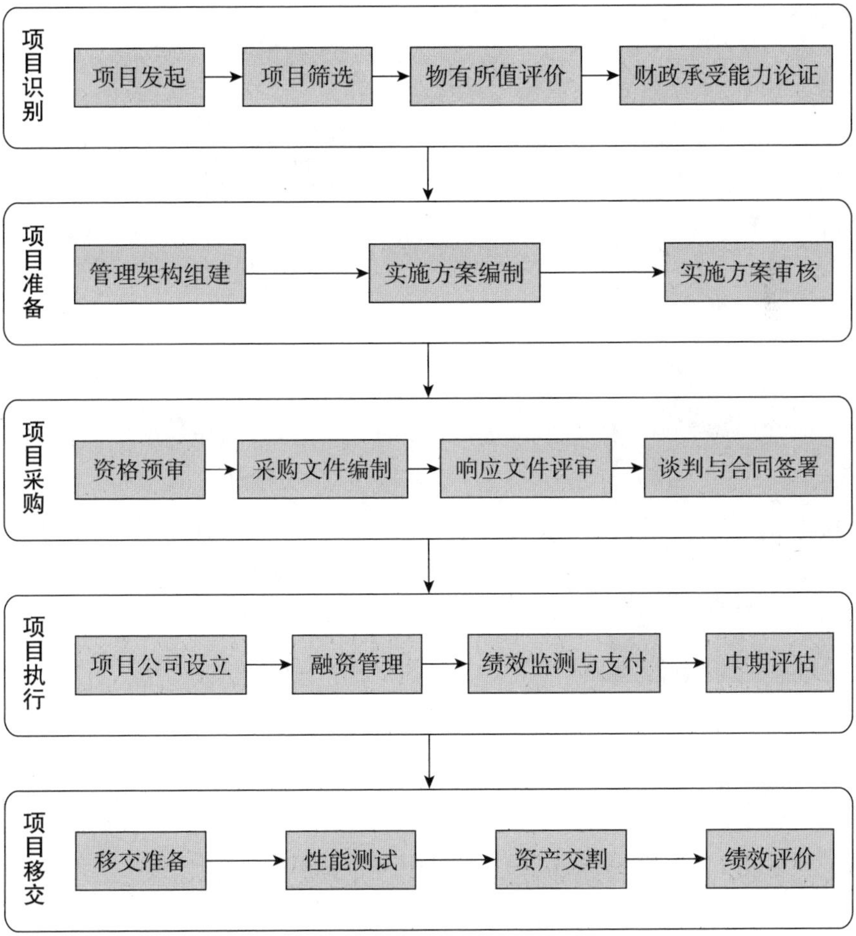

图 8-3　项目运作流程图

项目运营规划方案

■ 产业发展目标（见图 8-4）

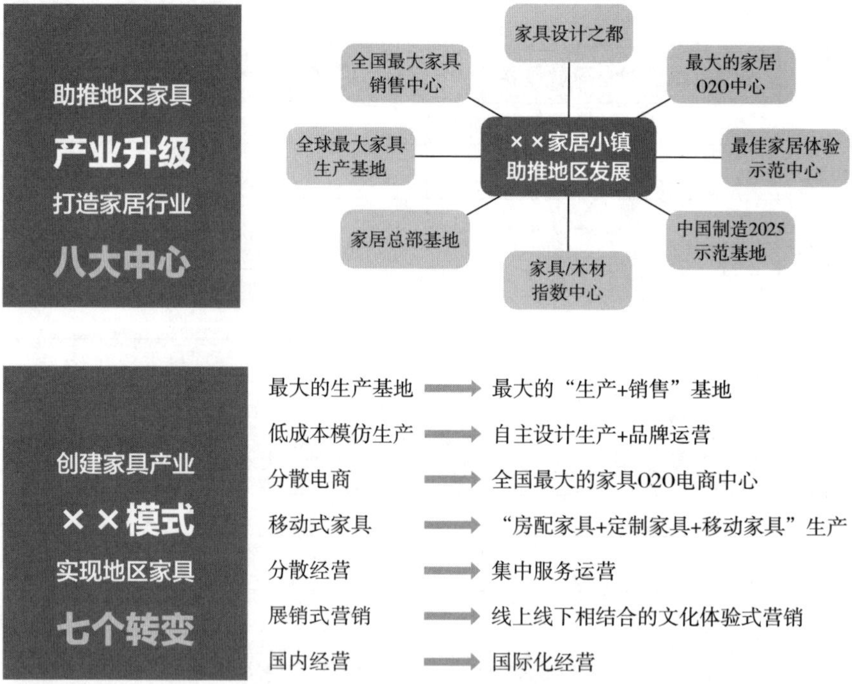

图 8-4　产业发展目标示意图

■ 产业发展目标的实现路径（见图 8-5）

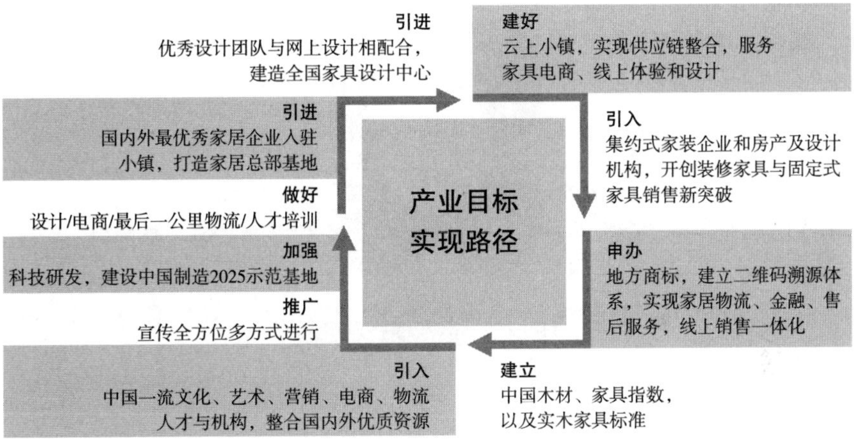

图 8-5　产业发展目标的实现路径

运营内容及模式

■ 运营内容（见图 8-6））

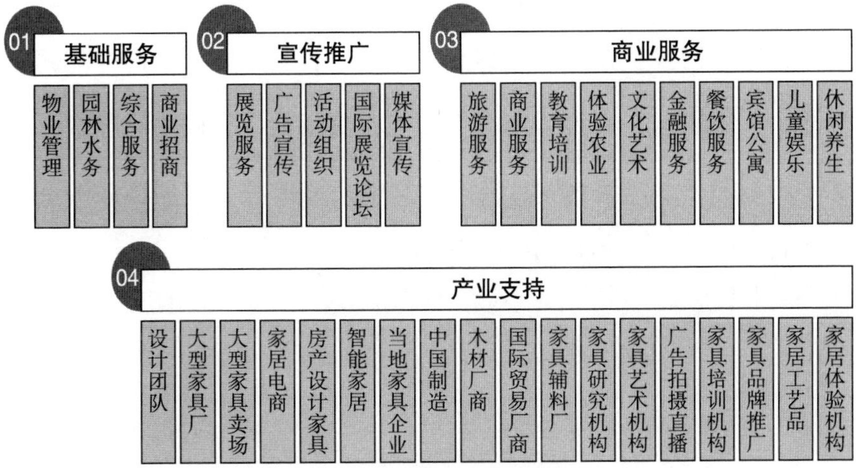

图 8-6　运营内容示意图

■ 运营模式（见 8–7）

图 8–7　运营模式示意图

合同体系框架

PPP 项目的合同通常包括《PPP 项目合同》、股东协议、履约合同（包括工程承包合同、运营服务合同、原料供应合同等）、融资合同和保险合同等。在 PPP 项目合同体系中，各个合同之间并非完全独立，互不影响，而是紧密合作、互相贯通的，合同之间存在一定的“传导关系”。《PPP 项目合同》是整个 PPP 项目合同体系的基础和核心。本项目合同体系框架见图 8–8。

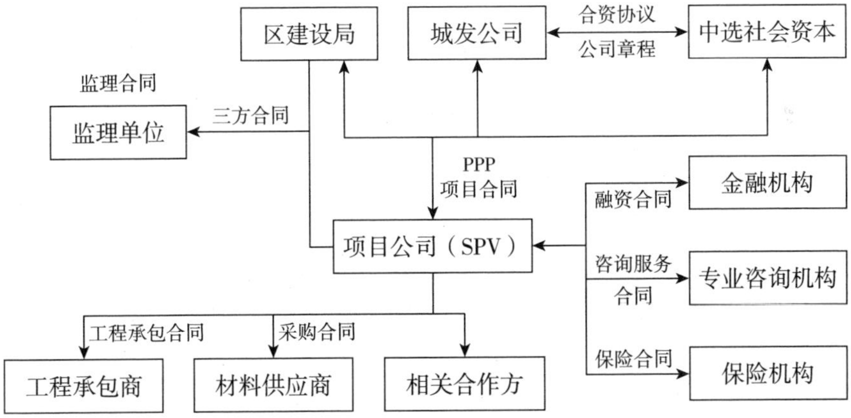

图 8-8　PPP 合同体系框架

项目特点

本项目特点如图 8-9 所示。

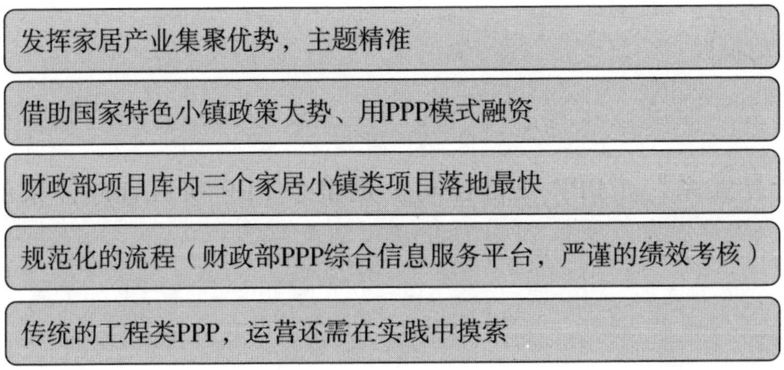

图 8-9　项目特点

09

某农业特色小镇 PPP 项目实施方案

项目基本情况

某旅游小镇（以下简称“湖北项目”）位于湖北省某县，投资估算总额约 11 亿元，主要建设内容及规模为：某河“一河两岸”景观工程、某生态旅游区建设工程、某景区建设工程、配套基础设施建设工程和某镇棚户区改造工程。其中，某河“一河两岸”景观工程包括两岸的绿化工程、道路工程、观景平台及相关配套设施，工程占地面积 30 多万平方米；某生态旅游区建设工程占地面积 15 000 多亩，主要建设内容为野外探险区、沙滩休憩区、激情漂流区、亲水休闲区和其他建设内容等；某景区建设工程包括景区大门建设、基础设施建设、综合服务区建设、观景台建设、游乐设施建设、设立标志牌以及建成后对生态进行修复。

社会效益

湖北项目的建设和运营将对本区域的经济和社会发展产生非常积极的影响，每年至少能为 100 万游客提供旅游服务。项目的社会效益主要体现在以下几个方面：

■ 整合某县旅游资源，对某县生态文化旅游和经济发展起到重大推动作用。

■ 促进某县整体开发，完善城市功能，改善城市人居环境，提高人民生活水平和生活质量。

■ 促进第三产业发展，增加就业岗位，提高区域居民收入，为当地贫困人口脱贫提供新的出路。

合作模式及资金来源

2016 年，某县人民政府批复湖北项目采取 PPP 模式引进社会资本。

湖北项目通过公开招标选定社会资本方后，由中标的社会资本方和代表某县政府的县文化旅游投资开发有限公司合资成立 SPV 项目公司。根据《国务院关于调整和完善固定资产投资项目资本金制度的通知》（国发〔2015〕51号），湖北项目的资本金占总投资比例不少于25%。本项目资本金由政府和社会资本共同出资，出资额共为4亿元，其中政府出资额为项目资本金的10%（4 000万元），社会资本方出资额为项目资本金的90%（3.6亿元）。项目其他债务资金由SPV公司通过银行贷款或其他合法融资方式解决。

项目实施的必要性和可行性

项目实施的必要性

（1）湖北项目建设是加快推进某县省际生态经济试验区建设，促进旅游名镇形成的需要。

（2）项目符合《某县生态文化旅游区总体规划（2015—2025）》，是发展某县生态文化旅游的需要。

（3）本项目建设是革命老区发展的需要。作为革命老区贫困县，可以积极利用后发优势，以良好的生态环境为基底，通过产业融合围绕旅游产业形成全新的县域经济发展链条，打造全国典型的旅游扶贫创新示范县和科学发展示范区，对促进某县经济与生态发展有着重要意义。

（4）项目对某县优化产业结构、加快高效生态旅游发展、丰富现有资源功能、调优区域产业结构都具有积极意义。

（5）项目的实施有利于充分发挥 PPP 模式优势。

■ 在 PPP 模式下，政府可以吸引更多的社会资本投入到基础设施和市政领域项目的建设中，弥补公共财政资金的不足，缓解财政压力；对于社会资本而言，可获得稳定可靠的收入来源，从而降低投资风险，提高参与积极性。

■ PPP 模式有利于加快推动市政领域设施的建设。以经济利益为主要导向的社会资本有直接的经济动力投资，并愿意在政府、公众可以承受的价格水平上提供服务。对于市政项目而言，由于政府缺乏足够的资金投入，没有社会资本的参与，项目无法上马或需要推迟建设。社会资本参与后，这些市政项目可以尽早建成并发挥社会效益。

■ PPP 模式有利于提高工程质量并降低整个项目生命周期的成本。在 PPP 模式下，可以激励社会资本综合考虑整个项目的全生命周期总成本，更关注整个生命周期的资金价值，而不仅仅只考虑最初的建设成本。PPP 合作长达二三十年甚至更长时间，长期合作框架下，社会资本的思路不再局限于建设阶段，更加着眼于项目建设后的长期运营阶段，进而合理利用资金，减少资源浪费。

项目实施的可行性

■ PPP 模式应用的政策环境日趋成熟。自 2014 年以来，国务院、财政部、国家发展改革委相继发布了一系列法规政策，为 PPP 模式的推广和应用提供了日趋成熟的政策环境。

■ 项目管理机构组建。为全力组织实施湖北项目、协调解决及决策项目运作过程中的重大问题，由某县财政局统筹协调 PPP 项目有关事项，并确定了项目的基本思路及基本工作方案。主要负责项目评审、组织协调和检查督导等工作，实现简化审批流程、提高工作效率的目的。同时，某县人民政府授权某县文化旅游建设资金管理中心为项目实施机构，负责项目准备、采购、监管和移交等工作。

■ 总费用减少。公共部门和潜在社会资本在项目初始阶段与政府共同参与项目的识别、可行性研究、设计和融资等项目建设过程，保证了项目在技术和经济上的可行性，缩短前期工作周期，同时整合优势技术和高效的管理资源，使项目总费用降低。

■ 风险分配合理。项目在风险分配上遵循“最优承担”原则，即将风险分配给最有能力承担的一方。风险共担、收益共享是 PPP 模式的核心原则，由于政府分担一部分风险，同时也拥有一定的控制权，使风险分配更合理，也能最大限度满足社会资本的诉求，减少了社会资本的投资风险。

风险识别、风险分配与风险防范

风险识别

湖北项目采用BOT模式。由于项目中包含公益性与非公益性、经营性与非经营性等不同类型的子项目，项目公司在法人管理结构、企业管理层等方面，可能存在管理权责冲突、人员不能胜任项目的组织与管理等风险。

■ 施工技术风险。项目中大部分属于城市基础设施和旅游开发建设内容，施工人员在同类项目中具有丰富的施工经验，技术环节成熟，风险较低。

■ 工程风险。工程风险主要包括：①工程设计方案；②工程地质条件；③水文地质条件与预测发生重大变化，导致工程量增加、投资增加、工期拖延给拟建项目带来的风险。

■ 投资估算风险。投资估算风险主要来自工程方案变动的工程量增加、工期延长，人工、材料、机械台班、各种费率、利率的提高，征地拆迁工作进展缓慢等。项目征地拆迁工作量较大，但由政府主要协调完成，不影响项目进行。项目开工建设前政府可完成搬迁工作，征地拆迁工作的变动风险基本不存在。但是，近年来，我国工程建设的人工、建筑材料、机械台班等成本明显上升，并有进一步上涨的趋势。工程建设成本的上涨会带来各种费率的提高，从而增大投资，形成一定的投资风险。

■ 资金风险。项目投资巨大，需要社会资本具备较强的资金实力和融资能力。如资金供应不足或者来源中断会导致项目工期延长甚至被迫中止。项目中大部分属于公共服务性项目，整体利润水平低。游客集散中心、景区旅游经营设施运营期间，项目公司需要对成本费用严格控制，避免期间费用过高引起的资金风险。

■ 市场风险。项目包含经营性和非经营性子项目，其市场预测会有不确定性，具有一定的风险。同时，项目的客流量存在很大的不稳定因素，存在一定的市场风险。

■ 政策风险。一是指国家政策影响区域经济的发展，从而影响项目需求；二是国家由于某种政治或经济政策上的原因，导致目前项目建设、运营、管理等方面的政策法规发生变化。政策变化最终影响项目经营成本和收入，从而影响项目的获利水平以及债务偿还能力。

■ 安全风险。湖北项目属于社会公共服务项目，主要涉及基础设施及旅游开发，社会关注度高，参与游客数量大，一旦发生安全事故将带来重大的社会影响。需要项目公司提高安全意识，严格管控。

■ 财务风险。湖北项目财务风险由项目公司承担。项目在设定的经营年限、收费标准、运营成本等各项参数条件下，具有一定的盈利能力和偿债能力，并有一定的抗风险能力，因此财务风险较小。

■ 不可抗力风险。不可抗力风险通常分为两类：一是因自然因素导致的不可抗力风险；二是因非自然因素导致的不可抗力风险。自然灾害风险由项目公司通过参加商业保险转移部分风险成本，为可转移风险，剩余自留风险由项目公司承担；其他无法转移的不可抗力风险由项目公司和政府共担。

风险分配

根据财政部《PPP 项目合同指南（试行）》，湖北项目风险分配的基本原则如下：

■ 承担风险的一方应该对该风险具有控制力；

■ 承担风险的一方能够将该风险合理转移；

■ 承担风险的一方对于控制该风险有更大的经济利益或动机；

■ 由该方承担风险最有效率；

■ 如果风险最终发生，承担风险的一方不应将由此产生的费用和损失转移给合同相对方。

根据以上原则，项目设计、建造、财务和运营维护等商业风险由社会资本承担，法律、政策等风险由政府承担，不可抗力等风险由政府和社会资本合理共担。

风险防范

（1）风险控制原则。

■ 风险分析和防范要贯穿项目全过程。

■ 通过分析评价，如风险发生概率大、后果严重，应采取规避措施。

■ 对预测的风险，应通过事先控制和事中控制，采取有效对策和措施，将风险降低到最低程度。

（2）风险控制方案。

■ 组织机构风险。

SPV 项目公司选派精干人员组建公司管理层，建立畅通的协调机制。

■ 施工技术风险。

项目公司选择成熟先进的技术。

■ 工程风险。

从实际出发，确定工程量、工期，充分估算工程量，并优化项目实施进度和管理。聘请有资质的专业监理单位和预算编制单位，确定合理工期和工程造价。

■ 投资估算风险。

投资估算请专门机构组织咨询机构评审，力求投资估算精确度高。

■ 资金风险。

项目需要选择资金实力强的社会资本方，容易在市场上寻求资金支持。

■ 市场风险。

市场预测加强调研，提高市场预测准确性。

■ 政策风险。

项目公司积极了解国家政策，在政策层面符合规范。

■ 安全风险。

签订责任状，严格管控安全。

■ 财务风险。

项目采用动态平衡补偿机制，可保证项目公司稳定收益。

■ 环境风险。

在施工过程中，严格控制施工流程，注意环境的保护。

（3）风险转移方案。

项目公司积极投保，使一部分风险转移给保险公司。在不违反法律法规的情况下，通过正当途径将风险部分转移。

PPP 模式

湖北项目采取 PPP 模式下的 BOT（建设—运营—移交）模式。

社会资本中标后，与某县文化旅游投资开发有限公司共同成立 SPV 项目公司。其中某县文化旅游建设资金管理中心对项目公司享有监督权以及对重大事项决策的否决权。某县政府、财政局及某县文化旅游建设资金管理中心对项目的融资、投资、建设、运营维护、移交的全生命周期依照《PPP 项目合同》的约定进行监管。

SPV 项目公司负责项目融资、投资、建设和运营维护相关内容。SPV 项目公司拥有合作期内项目资产的使用权、经营权及收益权。在运营期内，SPV 项目公司负责旅游服务设施、景观、配套设施等的运营、保养、维护等服务，保障整个项目的正常运营，以满足社会公众的需求，同时获得项目经营性收入和政府财政补贴，从而收回投资资本金及获得合理收益。

项目运作周期 18 年，其中建设期为 3 年，运营期为 15 年，运营期结束，SPV 项目公司将项目资产无偿移交给县政府或政府指定机构。

项目收费定价机制及调价机制

湖北项目按照一定的方式和程序，由某县财政局根据合同约定向 SPV 项目公司支付费用。

定价机制

由于景区票价实行政府定价管理，当政府调整景区票价时，对项目公司收入会产生影响，因此湖北项目采用“测算票价”作为确定项目公司运营收入的依据，同时建立了测算票价的调整机制。以测算票价为基础，约定相应的票价差额补偿和收益分享的机制，构建了票价风险的分担机制。“实际票价”低于“测算票价”时，项目公司可向政府申请补偿，政府需补偿项目公司票价差额部分的收入。“实际票价”高于“测算票价”时，项目公司应将票价差额收入的 80% 返还给政府。

调价机制

■ 项目竣工验收后，项目公司未能达到绩效考核指标的，政府有权从对项目公司的应付款项中扣除。

■ 对于政府财政补贴费用的调整，未来根据经济环境变化与市场趋势变化，参考通货膨胀率等因素，建议价格每 2 年调整一次，由政府方与社会资本方另行协商进行调整，具体调价公式在《PPP 项目合同》中约定。

■ 对于政策、标准的调整、税收价格政策的变动，将在对投资进行审计和成本进行监审的基础上，通过一事一议协商机制解决。

项目投资收益水平

湖北项目运营期内，政府方通过设置运营维护绩效考核指标、公开竞争程序将政府财政补贴所含收益部分的费率确定在一个合理区间内，以期有效激励社会资本从项目全生命周期角度统筹考虑效率、成本及收益等问题。

项目所获得的合理利润率为 6.5%，资本金内部收益率为 7.2%。

交易结构

SPV项目公司由社会资本方和政府代表方共同投资设立。建设期资金为SPV项目公司自有资金及通过融资所得资金。SPV项目公司发起项目融资活动并承担融资责任和风险；项目所需资金主要源于项目资本金和银行贷款；银行贷款由SPV项目公司的盈利来偿还，并以既有项目法人整体的资产和信用承担债务担保。

■ 股权融资。项目资本金由政府和社会资本共同注资，项目最低资本金比例不得低于2015年9月1日国务院常务会议规定。

■ 债务融资。SPV项目公司向银行申请银行贷款获得资金，贷款利率按照双方所签订协议协商解决。

■ 资本市场融资。一种是以SPV项目公司作为融资主体发行一般企业债券；另一种是发行项目收益债券或以资产证券化方式进行融资。

■ 产业基金。可通过国家、企业产业基金融资。

回报机制

回报模式

湖北项目能产生良好的社会效益，也能产生一定量的经济效益，但不能够满足SPV项目公司的收益率。因此项目需通过政府补贴的形式支付项目公司收益率不足的部分。按照《财政部关于印发政府和社会资本合作模式操作指南（试行）的通知》（财金〔2014〕113号），项目主要采用“使用者付费+可行性缺口补助”模式设定投资回报方式。

湖北项目的投资回报是综合回报（包括投资收益和施工利润），政府方需在详细测算分析的基础上，结合投资人市场情况，确定项目的基本回报率、政府补贴费用、经营性收入，实现政府与社会资本的双赢。

根据所制定的项目投资回报机制，按照可行性缺口补助的范围和标准，某县每年向SPV项目公司支付财政补贴。在18年运营期内政府财政补贴总额共计3.9亿元，以政府结算审计为准。

回报安排

湖北项目采取“使用者付费+政府财政补贴”模式，从运营期开始付费。项目建成后，在18年运营期间，政府每年向社会资本支付收益率不足的部分，项目采用“预测票价”和“预测客流量”作为确定社会资本运营收入的依据。“实际票价”低于“测算票价”时，SPV项目公司可向政府申请补偿，政府需补偿项目公司票价差额部分的收入。“实际票价”高于“测算票价”时，SPV 项目公司应将票价差额收入的 80% 返还给政府。项目政府支出在某县政府财政承受能力的范围之内，政府财政补贴纳入年度财政预算支出计划。

相关配套安排

SPV 项目公司依法取得项目的土地使用权。土地使用权取得、交易及登记过程中的相关税费由项目公司承担。某县文化旅游建设资金管理中心应协调建设、交通、电力、水务、林业、土地管理等部门，为项目施工建设提供用水、用电、用气和道路等配套设施和项目建设过程中所需的相关行政服务。

建设部门：项目放线、围挡设置、管网迁改等；

交通部门：交通组织疏解方案；

电力部门：施工临时用电；

水务部门：施工临时用水；

林业部门：提供区域珍稀物种资料土地管理，项目范围内的土地转用、供应手续的办理；

其他部门：根据项目工程进度需要，由对口部门协调解决。

合同体系

在 PPP 项目中，项目参与方通过签订一系列合同来确立和调整彼此之间的权利义务关系，构成 PPP 项目的合同体系。PPP 项目的合同体系通常包括《PPP 项目合同》、股东协议、履约合同（包括工程承包合同、运营服务合同、原料供应合同、产品或服务购买合同等）、融资合同和保险合同等。其中，《PPP 项目合同》是整个合同体系的基础和核心。

资产权属

项目建设期内投资形成的项目资产，以及项目运营期内因更新重置或升级改造投资形成的项目资产，归属项目公司所有。

项目前期费用

项目前期工作主要由某县文化旅游建设资金管理中心负责推进，待 SPV 项目公司成立后，由某县文化旅游建设资金管理中心逐步将相关成果和程序性文件移交给项目公司。前期工作费是指本项目前期工作时发生的各项费用，包括PPP咨询、可研、规划、环评、能评、设计等前期支出。项目前期费用（不包含征地拆迁等费用）由项目实施机构某县文化旅游建设资金管理中心及相关单位垫付，待项目公司成立后据实计算，并纳入政府出资部分。

项目边界

SPV项目公司负责项目融资、投资、建设、运营、维护与移交，并承担项目投资、建设、运营维护的费用和风险。项目建成竣工验收合格后，由SPV项目公司在运营期内负责项目的建设、配套设施的运营与维护；项目运营期结束时，项目公司将无偿移交给某县政府或某县文化旅游建设资金管理中心。运营期内，SPV项目公司应严格按法律及政府规定进行维护，持续、安全、稳定地提供服务，并确保项目达到合作双方约定的标准，政府根据约定的标准进行绩效考核，并给予相应的财政补贴。

10

“农业 + 航天”特色小镇策划案例

农业特色小镇是指依赖农业特色产业（如粮食产业、果蔬产业等）和特色环境因素（如地域特色、生态特色、文化特色等），打造具有明确的农业产业定位、农业文化内涵、农业旅游特征和一定社区功能的综合开发项目。它是通过现代农业＋城镇，构建产城一体、农旅双链、区域融合发展的农旅综合体。从根本上说，农业特色小镇是旅游景区、消费产业聚集区、新型城镇化发展区三区合一，产城乡一体化的新型城镇化模式。

下面以笔者参与策划和规划的一个农业特色小镇为例加以说明。该农业特色小镇位于湖北省某县级市，地方特色产业为农业（粮食＋果蔬）。通过仔细调研、周密策划，决定借助当地深厚的农业基础和浓厚的航天文化，植入航天体验产业，打造与众不同的"农业＋航天"特色小镇（以下简称"某县项目"）。

规划愿景

嬗变：传统农业—现代农业—现代农业＋航天科技，完美规划，精彩嬗变。

蝶变：单核农业—双核产业—农业＋航天＋旅游＋社区，一体两翼，蝶变飞翔。

项目背景

2016年7月，住房和城乡建设部、国家发展改革委、财政部三部委联合颁布《关于开展特色小镇培育工作的通知》（建村〔2016〕147号），明确提出，到2020年，要在全国培育1 000个特色小镇。

《湖北省人民政府关于加快特色小（城）镇规划建设的指导意见》（鄂政发〔2016〕78号）提出，力争通过3至5年的培育创建，在全省范围内规划建设50个产业特色鲜明、体制机制灵活、人文气息浓厚、生态环境优美、建筑风格雅致、卫生面貌整洁、多种功能叠加、示范效应明显、群众生产生活环境与健康协调发展的国家及省级层面的特色小（城）镇。

项目思考

选址原则

■ 具有扎实的产业基础；

■ 交通方便；

■ 具有传统文化；

■ 有一定的旅游资源。

研究发现，项目所在地具备以下特点：

■ 农业基础扎实；

■ 交通便捷；

■ 具有深厚的传统文化和浓厚的航天文化；

■ 具有乡村旅游资源和周边人文旅游资源。

小镇定位

定位决定小镇的发展方向，定位决策依据如下：

■ 依托的资源；

■ 依托的市场；

■ 地块的价值；

■ 消费者分析。

研究发现，小镇定位决策依据为：

■ 依托的资源为农业资源；

■ 依托的市场：重点为华中市场，此外还有全国乃至全球市场；

■ 地块为丘附地带，土地整齐划一；

■ 消费者重点为周边大城市居民、全国乃至全球消费者。

小镇产业

产业是特色小镇的灵魂，是能否持续发展的基础和条件，是小镇保持永续动力的前提。做特色小镇规划的关键，是要对资源进行深度挖掘和精炼，并形成可进入更广阔市场的产品、商品，而且能迅速建立强大的品牌优势。

在开发产业的基础上，不断培育主导产业项目，形成完整的产业链或者实现多产业融合。单一产业容易受到市场波动影响。培育多个产业主体项目，形成完整的产业链，可以最大限度地发挥产业的规模效益，这是小镇抵御市场风险、推动自身发展的有力武器。

经仔细调研和充分研究，某县项目的产业主要包括：

■ 现代农业。

■ 休闲农业。

■ 航天体验产业。

■ 乡村旅游业。

开发模式

通常情况下，特色小镇开发模式主要有：农业驱动、度假旅游驱动、产业驱动、养老旅居驱动、古镇改造以及文旅组合模式等。

某县项目开发模式为：

■ 建立休闲农园，以“认种”方式让城市居民委托农民代种或亲自种植花草、蔬菜、果树或经营家庭农艺，让消费者参与到农业投资、生产、管理和营销等各环节中去。

■ 生产特色农产品，形成品牌，吸引城市消费者购买，拉动产业发展。

■ 城市居民寻求回归自然、返璞归真的生活方式。利用节假日体验现代农业的风貌、参与农业劳作等。

■ 利用农业观光园、农业科技生态园、农业产品展览馆，为游客提供了解农业历史、学习农业技术、增长农业知识的教育活动。

■ 以农村风土人情、民俗文化为旅游吸引点，突出农耕文化、乡土文化和民俗文化，开发农耕展示、民间技艺、时令民俗、节庆活动等休闲旅游活动，增加乡村旅游的文化内涵。

盈利模式

单一的盈利模式无法支撑特色小镇的运营，必须采取多元化的盈利模式。

■ 门票模式（航天体验、各种主题活动如音乐节）；

■ 综合收益模式（主要有餐饮收入、住宿收入、租金收入、演艺收入以及其他消费收入等）；

■ 产业收入模式（粮食 + 果蔬生产及采摘、航天体验）；

■ 地产收入模式（包括度假、养老主题的公寓、别墅，以及太空酒店等）；

■ 资本运作模式（做好整体策划，选择最佳商业模式，通过资本运作、资产证券化或上市融资）。

服务体系

建立高层次、精细化的服务体系，是打造特色小镇核心竞争力的关键。特色小镇服务体系需要根据不同的服务对象和需求，从硬件设施和软件服务两方面入手。硬件方面是建设相关的基础设施，软件则是建立高标准的服务规范和制度。

小镇品牌

特色小镇品牌的产品有四大属性：一是特指性要明确；二是竞争性要从顶层设计开始；三是延展性必须注意产品的内在关联性；四是要和人的情感相关联（情感关联在特色小镇发展中的地位非常重要。人的情感非常丰富，情感往往主导人们对事物的偏爱和憎恶。无论是产业小镇还是文旅小镇，都必须特别注重与消费者的情感沟通，只有让他们产生偏爱，小镇的生命才会长久）。

小镇 IP

IP 是一种身份识别。IP 五大特性包括：一是最先想到，二是最快延伸，三是最大想象，四是最美形象，五是最好故事。

发展目标

以国家大力推广特色小镇为契机，以某镇现代农业、优质旅游资源和航天人文资源为平台，全力打造集生产、生活、生态“三生融合”和产业、人文、旅游、社区“四位一体”的“农业航天小镇”。

总体定位

依托某镇区位优势、交通优势、旅游优势、现代农业优势、航天文化优势，创建一条集现代农业、生态观光、航天科技体验于一体的农业航天特色小镇。吸引武汉、郑州、西安等周边城市的广大市民、航天爱好者、旅游者、中小学生体验特色农业和航天科技。

规划理念

■ 打造行业领先、国内一流的“一镇一品”鲜活样板和“农业 + 航天”的创新典范。

■ 美化小镇环境，提升小镇产业品质、文化品质、科技品质和旅游品质，促进小镇新型城镇化建设和美丽乡村建设。

■ 按照“产、城、人、文”深度融合理念，打造集生产、投资、创业、科研、居住、休闲、体验、旅游于一体的农业小镇生态体系。

规划原则

■ 现代农业核心原则；

■ 生态环境保护原则；

■ 生产和居住动静分区原则；

■ 可持续发展原则。

规划思路

坚持多规合一，确定省资源、强功能、促产业、保生态、美环境的综合规划思路。立足场地现状，以城乡统筹、美丽乡村建设、产业升级、生态环境优化、可持续发展为指导，整合项目地资源、村落、生产力要素，融合“现代农业＋果蔬产业”、航天体验、田园风光等形态，集农业生产、商贸、创业、互联网、体验、人居、休闲于一体的环境优美、生活便利、配套齐全、交通便利新农村综合体示范样板工程。

建设某县项目需要转变发展思路：

■ 产业由传统农业向现代农业转变；

■ 产业结构由第一产业向第二、第三产业融合转变；

■ 产量由小、散向精、聚（集约化）转变；

■ 市场由内（农业）向外（体验）转变；

■ 空间由散落自然村落向集聚特色小镇转变。

规划空间结构

某县项目空间结构为：两大核心产业、两大核心片区、十大核心功能、七大分区，具体为：

（1）两大核心产业：特色农业产业和航天体验产业。

①特色农业产业。

结合农业的发展，系统推进区域产业转型升级，重点是推进传统的农业种植向现代农业转型升级，形成集现代农业种植、休闲农业观光、农业科普交易、农业博览展示、生态农产品交易等多功能集聚的区域。

②航天体验产业。

打造航天文化体验基地、航天科技文化生态圈和生态体系。建设内容包括航天体验馆、航天博物馆、太空餐厅、太空超市、太空酒店、太空作物园等。航天科技产业体验、文化休闲旅游、生态宜居生活，三体联动，融合发展。

（2）两大核心片区：现代农业片区和航天体验片区。

（3）十大核心功能：健康养生、运动配套、生态农业、教育配套、医疗配套、商业配套、商务配套、生活配套、养老配套、休闲配套。

（4）七大分区：现代农业园区（粮食＋果蔬）、航天体验园区（各类航天体验）、生态农业观光区（观光、采摘、餐饮）、太空主题区（太空作物、住宿、餐饮等）、儿童教育亲子活动区、健康养老社区、小镇商业服务区（居住、生活及商业配套）。

道路交通组织规划

项目道路总体结构为“一横一环四级”，充分利用所在地国道形成便捷的交通横线，结合区域产业和旅游休闲发展需求，依托现有的道路体系形成内部环线，并最终形成国道、园区主干道、乡村次干道和田园步行慢道等四级道路交通体系。

项目主要人流由所在地国道进入，在地块内自形成主交通干线。区块内各个功能地块皆朝主交通干线设出入口。田园慢道采取环保型游览观光车道和慢闲步行道共同组成，所有外来车辆将集中停放于园区入口，再换乘园区内观光游览车。各主题项目区由蜿蜒曲折的田园慢道连接，形成园区内“可游、可乘、可走”的综合交通体系。在功能及人员较密集的农业体验园、航天体验中心、太空酒店等地设集中公共停车场。

景观系统规划

项目区内景观系统由景观轴线、景观片区、景观节点和景观渗透四部分组成。

结合农业产业和航天体验产业布局，利用原有农田肌理，形成大地化、景观化、观赏化的农业景观体系。通过湖泊和道路景观整治，形成自然化的景观轴线；再通过景观轴线串联起区内的主要社区、村落和片区。结合产业打造对原有村落进行主题景观化设计，形成独特的文化景观体系，而各个文化主题景观群落和建筑设施将点缀其中作为主题景观和节点。

环境保护规划

为确保可持续发展，充分考虑人与自然的和谐，使现代农业、航天体验和旅游对环境的正面影响最大化，使区域具有更持久的生命力，根据项目产业特点，提出以下保护措施：

■ 认真贯彻国家环境保护法、水污染防治法及湖北省有关法律法规，根据项目地环境资源现状及项目开发后对环境所可能产生的影响，制定相应的环境保护措施。

■ 坚持开发与保护相结合，并把保护放在首位，确保自然景观和生态环境的良性循环和可持续利用。

■ 保护工程要从实际出发，结合本地区特点进行设计。区域内生产、生活所产生的固体垃圾要进行分类收集、分类处理。

■ 区内生产、生活污水采用新型污水处理技术，处理后达到国家排放标准。

投资规模

约 35 亿元人民币。

效益作用

第一，拉动地方经济增长。特色小镇聚集高端要素、促进创新创业，能够增加有效投资，带动城乡统筹发展和生态环境改善，提高居民生活质量，形成新的经济增长点。

第二，促进产业升级。特色小镇是新时期推动新型城镇化和加快产业转型升级的重要载体。特色小镇集特色产业、人文旅游、优美环境、社区功能等于一体，与我国当下大力倡导和推选的“绿色经济、低碳经济、循环经济”理念相一致，有利于我国经济转型和产业升级。

第三，改善基础设施，提高公共服务水平。特色小镇的一大要素即“社区功能”，通过特色小镇建设，能大大改善小镇基础设施（如供水、供暖、供气、污水处理、垃圾处理和道路交通等）和公共服务（学校、医院、养老机构、银行、图书馆等），从而提高人们的生活质量，从根本上改善小镇的面貌。

第四，解决劳动力就业。特色小镇建设涉及项目多，一个特色小镇涉及大小项目上千个，既有特色产业本身，又有配套工程如市政、交通、学校、医院、养老等。这些项目的建设和运营都需要大量劳动力，因此可以就近解决当地及周边地区劳动力就业。重点是通过各类技能培训，引导劳动力由第一产业向第三产业转移。

第五，促进农民增收。在特色小镇建设中，农民自愿以土地作为资本申请参与整个项目的开发，把土地流转到社会资本与当地政府成立的公司，由公司进行统一规划、统一运营，公司为农民提供技能培训与就业机会，农民参与到农业生产和旅游业经营之中，可以从事现代农业、工程建设、旅游服务、社区管理维护工作等；与此同时，企业也为农民提供了多元化的收益机会，包括年底分红、土地租金、工资福利和自营项目收入等。

第六，带动美丽乡村建设。通过农业航天特色小镇规划，融合美丽乡村建设，打造以农业产业化与美丽乡村建设相结合的三农融合发展的示范区。乡村基础设施和公共服务设施逐步完善；环境干净、整洁；风貌美丽而有特色；乡村环境有意境，达到诗意栖居，乡村建设得比城市更让人向往。

第七，实现各方共赢。

1. 农民利益

■ 安居保障：原地回迁、原地安置；离土不离乡，与家乡共发展；提供高标准的回迁安置社区。

■ 就业保障：进入小镇相关产业进行工作，直接带动就业岗位 1 500 个，间接带动就业岗位 5 000 人。

■ 收益保障：土地入股分红的收入；获取商业经营的利益分享；工资收入，脱贫致富。

■ 教育培训：享受相关领域的专业技术培训；引入相关产业教育机构合作，引入专业培训机构和教育力量进行专业培训。

2. 政府利益

■ 税收收入增加：通过项目的商业运营、产业运营，为政府带来显著的经济效益和税收收入。

■ 区域品牌形成：通过现代农业 + 航天体验项目的打造，形成差异化的特色小镇发展路线，为区域形象的提升提供坚实的后劲。

■ 区域产业升级：为区域增加产业类型，拓宽产业渠道，有效带动区域的产业升级和更新。

■ 区域形象提升：加快地区基础设施的建设，明显改善旅游环境，提升区域品质，大力促进该区域文化、农业与旅游产业融合发展。

3. 企业利益

■ 资源整合：通过项目开发，能够有效整合企业资源，实现企业资源高效利用。

■ 经济效益：通过项目开发运营，发挥企业整体优势，为企业带来一定的经济效益，实现企业的可持续发展。

■ 品牌效应：通过项目打造，形成企业自身独特的品牌，带动项目品牌和企业品牌的双向发展。

用地方案

■ 使用存量国有建设用地；

■ 圈内农用地办理转用、征收手续后依法提供给具体项目；

■ 圈外单独选址建设项目用地；

■ 使用国有农用地；

■ 直接使用集体建设用地；

■ 使用国有未利用地；

■ 使用集体未利用地；

■ 使用设施农用地；

■ 结合土地整治、村庄整治安排用地。

投运模式

PPP 合作模式

持续稳定的资金来源是特色小镇建设和运营的关键，因此合适的投融资模式对于特色小镇非常必要。PPP 模式目前得到广泛运用。经估算，本项目规划总投资 35 亿元，拟采用“政府与社会资本合作模式（PPP

模式)”实施，通过PPP项目采购，由中选的社会资本与政府指定的实施机构注册成立项目公司(SPV)，项目公司负责项目的投融资、建设和运营。项目资本金为7亿元(占总投资的20%)，拟由社会资本、某市政府共同出资；其余28亿元(占总投资的80%)，拟以项目公司名义通过银行贷款、信托、基金、“基金+银行贷款”等模式进行融资。

运营模式

■ 坚持“谁运营谁管理”的原则，充分发挥社会资本的作用。设立农业航天小镇SPV公司，统一规划，统一建设，统一运营。

■“以农为主，以旅游为辅，多元经营”，创新盈利模式。

■ 社会资本为主体，引进各类企业，采取单独投资、合资、合作等方式实现投资回报。

■ 利用自身优势，并引进外部资源，搭建各种产业发展平台，来促进小镇运营效率和服务水平的提升，即“平台化思维”。这些平台包括开发合作平台、产业发展合作平台、立体品牌推广平台、综合投融资平台等。比如：联合中国农科院、湖北省农科院、农业大学等；联合知名旅行社；联合周边城市教育机构；联合各类社团、组织、协会；联合各类品牌推广机构。

■ 基于 PPP 模式下的“产业发展 + 载体建设 + 招商运营”一体化业务模型，以营运带动主营业务发展，最终将产品聚焦在“PPP+ 产业小镇”上，构建“策划—规划—投融资—建设—招商—运营”的企业价值链。

11

某月季特色小镇案例

项目缘起

某一线城市南城区，地处南郊山前平原地区，大部分村庄主导产业是农业，在每个村庄建设用地外围是各个村庄的农业生产用地，尤其西瓜种植全国闻名。2009 年该市提出第一阶段城南行动计划，指出要“培育首都高端产业发展的新空间，将城南地区发展成为富有活力的宜居宜业国际化新城”；2013 年，发布了第二阶段城南行动计划。

如何将传统农业产业发展和城市功能平衡协调，实现产业发展与城市功能相互促进，成为市区跨入国际化大都市的经济发展框架下的战略选择，南城面临着重大战略机遇。

为此，该区域农业文创产业发展从 2013 年开始确定产业转型实施方案，即以月季产业为主题的新城镇模式开发。本项目从 2013 年策划开始，首次提出主题产业（即 IP）+ 基地理念，以“月季小镇”为总体概念统一筹划，至2016年引入某国际大会为切入点，会前以月季种植为主，会后以产业升级为核，带动区域产业及落地项目。实现了以月季产业为主题的新城镇模式开发。

整个区域充分利用现有的农业产业环境资源，谨慎开发，将农业+文创的产业链延伸。本项目总投资100亿元以上，总体占地面积81平方公里以上。其中，核心区域月季小镇6 000亩，已引入20家以上产业园，周边土地溢价超过2倍，真正孕育出别具一格的特色小镇。

IP（特色产业品牌）+基地全产业链运营模式

本项目采取IP+基地全产业链运营模式，是由政府主导、企业参与的模式，从策划、规划设计、建设、投资、融资及运营全产业链运营。

区别以往传统推进项目，先规划后落地。本项目总体策划以落地为目标，先策划及确定重大事件后，招商引资重点项目及产业园同时开始进行规划设计；并且，项目某子项目亲子乐园引用德国包豪斯理念设计。

引入某世界大会作为全球月季界最高级别盛会，为世界各国约40个国家月季相关企业和月季爱好者搭建平台，交流月季育种、栽培、造景、文化等方面的研究成果，为展示新品种、新技术、新应用提供平台，实现小镇IP

国际品牌化；并且，结合月季大会种植区周边发展，“月季小镇”作为月季 IP 产业链开发运营。其中，特色月季产业（一产、二产）包括：月季种植、月季生产、月季产品批发、月季衍生品生产及销售；田园文化度假产品（三产），包括：玫瑰宴、月季酒店、月季博物馆、某度假乐园等。在大会期间，联动重点项目推广，近期满足月季大会接待服务功能，中远期可持续发展村庄民俗度假。月季 IP 产业 + 田园文化度假基地全产业链运营流程见图 11–1。

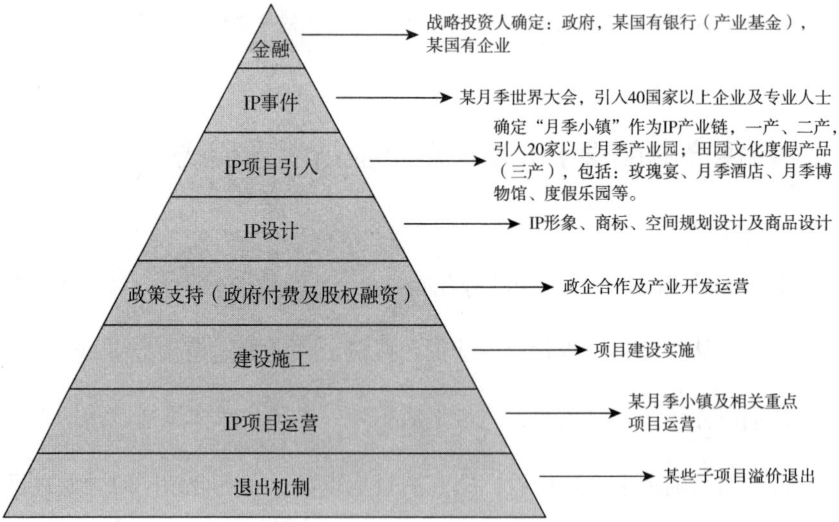

图 11–1　月季 IP 产业 + 田园文化度假基地全产业链运营流程

月季小镇某子项目的运作

月季小镇某度假园区已被评为“城市最美乡村”。引入欧洲知名 IP 玩具熊品牌，针对带 4 ~ 12 岁儿童家庭及外来旅游家庭，以“爱与陪伴”为亲子度假核心理念，为家庭提供分享开放乡村田园生活情境的度假小镇。

项目占地 2 500 亩，是集观光游览、休闲度假、创意文化等度假业态的主题国际旅游度假目的地，大会期间，国内外同时宣传，一个月内线上线下人流量超过 30 万，目前，国内有两家复制。

本项目成功将乡村闲置资源重组利用，已被评为“城市最美乡村”并获得市里高度评价。由社会资本与政府按 9∶1 比例合资开发运营。

（1）盈利模式。

盈利模式：资产资本化，将轻资产及重资产剥离运作，引入战略投资分别产生效益，如下：

①轻资产运作，包括：包括 IP 节庆活动、品牌输出、衍生品收益等；并且，通过与其他文化传媒公司合作，放大 IP 溢价，通过资本市场产生二次收入。

②重资产运作，包括：一次性地产收入及经营性收入。通过一期开发运营产品线，资源升值，溢价出售物业及保留轻资产平台合作。

（2）现金流风控。

作为重资产项目，需要确保三年现金流收支平衡，初期需有一次性营销产品，反哺经营性产品的预热期。并且，政府对项目给予政策性补贴，也有利于前期现金流稳定。

现金流风险主要来自工程投入、运营收入及地产营销效果不理想，影响建设期现金流收支不平衡。对此，应采取以下风险控制措施：

针对重资产工程投入控制：

延迟支付。控制工程付款比例及期限，比例40%以内，三期工程分7年付清。避免建设期内工程款支付过高，带来借款利息成本增加。

针对建设期现金流收支平衡：

建设期内，其他场地开展节庆类活动增加收入；开展地产开发及营销引入战略投资；股权融资。

针对投入产出现金流闭环：

①明确借款及政府补贴用途：合理分配到建设期工程支付款及运营成本保障业务；形成书面文件及监管，切实保证专款专用，将所借款项与建设、运营支付形成闭环。

②营销产品与建设工程同时进行：设计地产一次性收入与经营性新增度假产品开发营销，补贴工程建设投入。

③开发投入资金与付款时点需匹配。

（3）项目策划及规划。

引入欧洲某IP品牌玩具熊，以德国包豪斯规划设计理念为基础，改变以往以空间为导向的做法，代之以重点项目或活动为导向的“获客式设计”。

首次以故事线方式进行主题情境化体验设计，整个故事背景是英国熊“玫瑰”来到中国寻找自己的妹妹“月季”。人们走进乐园，拿着地图，陪伴孩子体验不同主题活动和沉浸体验英国熊文化。

在整个空间上进行 IP 演绎，从银杏树下、室外乐园、博物馆，到吃的餐厅中的专属蛋糕、手工糖，以及住的主题民宿，让人们沉浸在主题熊世界里。并且，设计上分为永久型及移动型，每季度根据故事场景不同，进行移动换景，让人们每次来的体验都不同。

IP 情境化设计分为三大类：

一是地产情境体验式消费，包括：院子、街道、林下乐园、博物馆等。

成果：村内闲置资源重组利用，获得某村独家使用权。

二是亲子情境化体验：周末亲子家庭，IP 寻宝、IP 手作及 IP 英语。

成果：情境化体验 1.0 版本，独有内容版权，每次 30 个家庭，2 小时体验 300 元 / 家庭。

三是衍生品化：IP 玩具、IP 甜品、IP 雪糕、IP 金品等。

成果：欧洲 IP 品牌背书，提高人气及拉动整个小镇溢价。

（4）项目运营管理机制。

以资产管理为核心，按重资产与轻资产剥离原则，分为三大类业务进行管理。其中，轻资产业务由文化经营副总经理进行管理；重资产业务由现场副总经理负责管理。另外，企业与村企业成立专委会，双方分工负责村民组织、村内闲置资源经营及宅基地租赁。项目资产运营管理机制见图 11-2，项目资产运营组织架构见图 11-3。

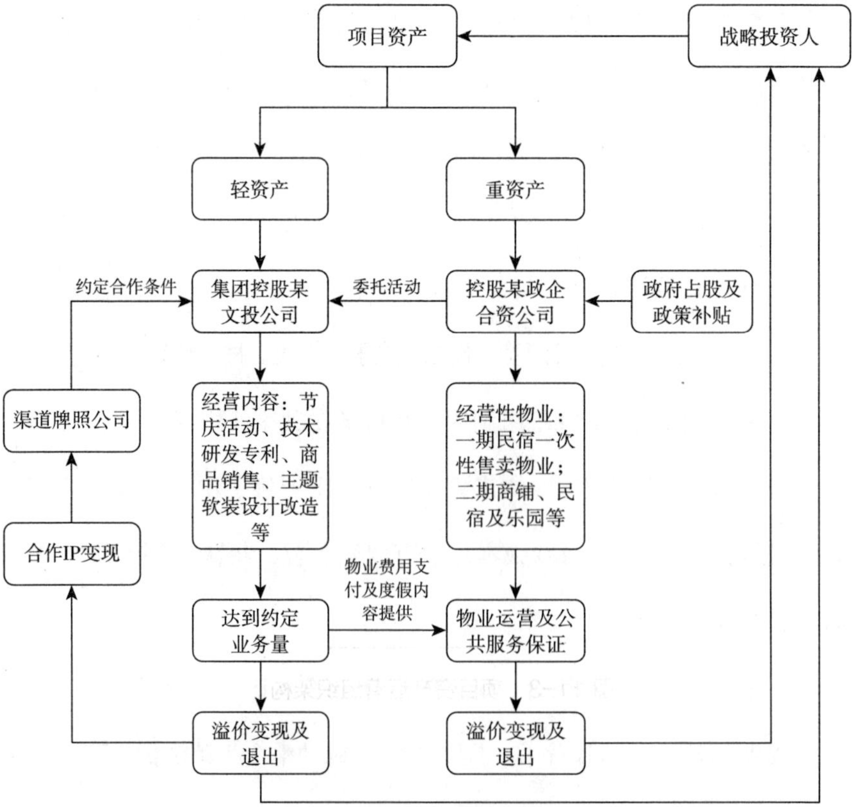

图 11-2　项目资产运营管理机制

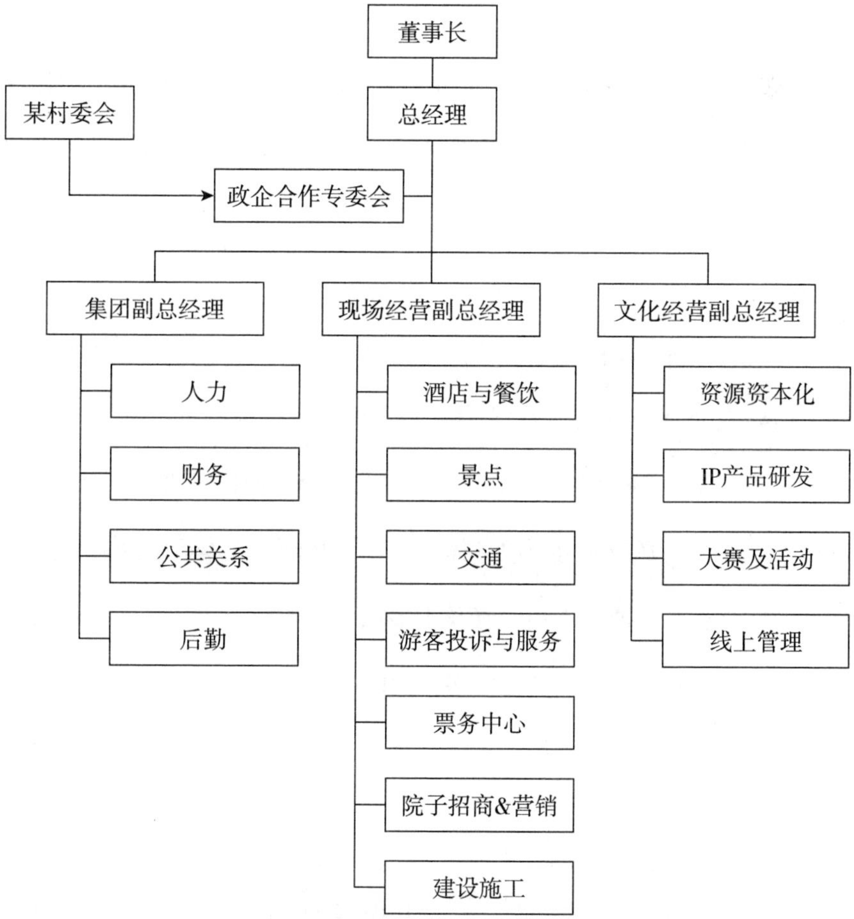

图 11-3　项目资产运营组织架构

（5）总结。

本项目在特色产业打造、城区品牌塑造及带动周边开发实现巨大成功，但在某子项目全产业链开发运营方面，还需进一步进行资源整合，完善标准化运营。

项目在策划IP农业产业+旅游度假时，从IP国际事件引入及筛选农业及文创园区20家以上，打造区域独特国际品牌，实现产业升级，使越来越多的人选择在城南区置业，据调查项目及周边土地溢价超过2倍以上。

特别是，通过政府主导，社会资本引入，使项目从资本到落地运营分工明确且经济与社会效益显著，建立乡村闲置资源重组利用的新型开发模式；通过完整IP运营体系的搭建及运营，使区域拥有了从一产、二产到三产的良好产业链及服务体系，在此基础上，本区域拥有可持续发展的核心资源，通过不断完善及更多社会资本加入，该区域将获得公共服务、社会效益、经济效益等多方面的收益。

参考文献

[1] 方向东，张质舒 . 桐庐健康小镇：打造生命健康与旅游产业融合发展新高地［EB/OL］.（2017-05-12）［2018-03-22］.http：//tsxz.zjol.com.cn/xwdt/201705/t20170512_3751035.shtml.

[2] 刘光宇 . 华夏、万达、碧桂园：盘点十大房企进军特色小镇姿势［EB/OL］.（2017-07-25）［2018-03-22］.http：//www.360doc.com/content/17/0725/14/31921354_674018122.shtml.

[3] 肖正华 . 房企 + 特色小镇，是真转型还是讲故事？［N］. 中国建设报，2017-06-23（5）.

[4] 宋媛媛 . 房地产企业纷纷转型布局［N］. 法治周末，2017-02-20.

[5] 木晓雯 . 丽江七河镇金龙村打造九色玫瑰小镇　诗和远方都在这里［N］. 春城晚报，2016-04-14.

[6] 李攀，沈云波，王艳 . 乌镇管家：守护互联网小镇平安［EB/OL］.（2017-04-14）［2018-04-20］.http：//www.cac.gov.cn/2017-04/10/c_1120778785.htm.

[7] 包海波.特色小镇开启创新发展新引擎要坚持市场化运作[N].文汇报，2016-09-02.

[8] [出版者不详].十类特色小镇及其经典案例赏析[EB/OL].(2017-05-28)[2018-03-15].http://www.360doc.com/content/17/0528/21/19306214_658066874.shtml.

[9] 邵海鹏.继特色小镇后又一投资新蓝海田园综合体18省份试点[N/OL].(2017-06-14)[2018-03-05].http://news.cnfol.com/guoneicaijing/20170614/24836886.shtml.

[10] 郑可欢.清新"互联网+农业小镇"的三重境界[EB/OL].(2017-07-17)[2018-04-05].http://www.farmer.com.cn/jjpd/nyxxh/201707/t20170717_1310264.htm.

[11] 山合水易.田园综合体——特色小镇打开的"正确姿势"[EB/OL].(2017-08-19)[2018-04-05].http://www.shsee.com/yj/tyzht/484.html.

[12] 中庆建设.农业特色小镇，新一轮特色小镇的建设焦点[EB/OL].(2017-06-18)[2018-04-11].http://www.cclycs.com/s57599.html.

[13] 中国房地产商学院.特色小镇的开发和融资方式[EB/OL].(2016-12-25)[2018-03-08].http://www.sohu.com/a/139660556_170123.

[14] 地产日刊.特色小镇如何做运营管理?[EB/OL].(2017-11-29)[2018-03-25].http://www.sohu.com/a/207370691_99893964.

[15] 营口日报.市场机制下的特色小镇该如何运营[N/OL].(2017-05-06)[2018-04-03].http://tsxz.zjol.com.cn/system/2017/05/06/021508115.shtml.

[16] 北青网.拿什么严控特色小镇房地产化[N/OL].(2017-12-07)[2018-03-24].http://www.xinhuanet.com/comments/2017-12/07/c_1122070426.htm.

[17] 岳晓武.特色小镇用地方案详解[EB/OL].(2017-09-01)[2018-03-28].http://www.davost.com/seo/detail/4627-2d18a65d8e.html.

[18] 搜狐财经橙园区.重磅!全国首个《特色小镇评定规范》正式发布![N/OL].(2018-01-08)[2018-03-12].http://www.sohu.com/a/215411504_764264.

[19] 余池明.特色小镇土地支持政策梳理及建议[N].中国企业报,2017-05-16(15).

[20] 王晓易.特色小镇的十大投融资模式[N].中国企业报,2017-12-26.

[21] 张蕊.特色小镇调查:新兴产业成为主导[N].中国企业报,2017-06-13.

[22] 华泰证券鲍荣富团队.十万亿蓝海市场,特色小镇开启产业+风景+社区新时代[N/OL].(2017-04-07)[2018-03-18].https://www.toutiao.com/i6406154878573347330/.

[23] 程子健,郑少曼.云栖小镇:打造百亿级产业的未来云端小镇[N/OL].(2014-09-01)[2018-04-05].http://hangzhou.zjol.com.cn/system/2014/09/01/020232730.shtml.

[24] 侯潇怡.年报剖析房企融资路径变化:出海融资=另类方式获取土地[EB/OL].(2017-04-08)[2018-04-15].http://finance.eastmoney.com/news/1344,20170408727295069.html.

[25] 地产融媒体.镇兴中国转型特色小镇,看看万达、恒大、碧桂园等都怎么玩?[N/OL].(2017-05-11)[2018-04-17].http://www.sohu.com/a/139783953_275873.

[26] 乔润令.一篇文章告诉你：发改委官员、专家、地方领导都是如何看待特色小镇的[N/OL].(2017-09-01)[2018-04-23].http://www.sohu.com/a/168790752_352535.

[27] 金珍娇.路桥沃尔沃小镇：树起中国汽车产业新地标[N].中国台州网，2016-07-15.

图书在版编目（CIP）数据

特色小镇实操指南：策划要点　运营实务　落地案例 / 陈青松等编著. —北京：中国市场出版社，2018.7
ISBN 978-7-5092-1468-8

Ⅰ. ①特…　Ⅱ. ①陈…　Ⅲ. ①小城镇-城市建设-中国-指南　Ⅳ. ①F299.21-62

中国版本图书馆CIP数据核字（2018）第100710号

特色小镇实操指南：策划要点　运营实务　落地案例

TESE XIAOZHEN SHICAO ZHINAN: CEHUA YAODIAN　YUNYING SHIWU　LUDI ANLI

陈青松　任　兵　通振远　宁　婧　编著

责任编辑：白　琼（qiongbaiace@126.com）
出版发行：中国市场出版社 China Market Press
地　　址：北京市西城区月坛北小街2号院3号楼（100837）
电　　话：编 辑 部（010）68032104　读者服务部（010）68022950
总 编 室（010）68020336　盗 版 举 报（010）68020336
发 行 部（010）68021338　68020340　68053489
68024335　68033577　68033539
印　　刷：河北鑫兆源印刷有限公司
规　　格：170毫米×240毫米　16开
印　　张：19.25　　**字　　数：**180千字
版　　次：2018年7月第1版　　**印　　次：**2018年7月第1次印刷
书　　号：ISBN 978-7-5092-1468-8
定　　价：68.00元